新媒体日语视听说进阶教程

主　编　韩兰灵
副主编　于　亮　时春慧
　　　　刘艳伟　毕　杨
主　审　［日］稻村寿美代

外语教学与研究出版社
北京

图书在版编目（CIP）数据

新媒体日语视听说进阶教程 / 韩兰灵主编 ；于亮等副主编. -- 北京 ：外语教学与研究出版社，2023.11

ISBN 978-7-5213-4906-1

I. ①新… II. ①韩… ②于… III. ①日语－听说教学－高等学校－教材 IV. ①H369.9

中国国家版本馆 CIP 数据核字 (2023) 第 211872 号

出 版 人　王　芳
项目策划　杜红坡
责任编辑　王晓晴
责任校对　杜梦佳
装帧设计　梧桐影
出版发行　外语教学与研究出版社
社　　址　北京市西三环北路 19 号（100089）
网　　址　https://www.fltrp.com
印　　刷　北京捷迅佳彩印刷有限公司
开　　本　787×1092　1/16
印　　张　15
版　　次　2024 年 2 月第 1 版　2024 年 2 月第 1 次印刷
书　　号　ISBN 978-7-5213-4906-1
定　　价　50.00 元

如有图书采购需求，图书内容或印刷装订等问题，侵权、盗版书籍等线索，请拨打以下电话或关注官方服务号：
客服电话：400 898 7008
官方服务号：微信搜索并关注公众号"外研社官方服务号"
外研社购书网址：https://fltrp.tmall.com

物料号：349060001

前言

随着外语教学改革的不断深入，课堂教学愈发重视培养学习者的日语交际能力。大型日语考试，如日本语能力测试（JLPT）、实用日本语鉴定考试（J.TEST）、商务日语能力考试（BJT）、日本留学生考试（EJU）中，“听力”所占比例在30%~50%，明显高于其他语言技能项目，听力能力的重要性不言而喻。然而在我国，由于缺乏日语习得的语言环境，日语教学中听说技能的训练环节一直较为薄弱，学习者提高听说能力比提高阅读等能力要困难得多。

本教材由日语教学专家和一线教师基于二语习得研究的成果和多年教学经验，从自建的多模态语料库和题库中取材，精心编写而成。本教材在编写过程中，吸收了国内外同类教材之长，并参照了日本语能力测试（JLPT）最新的出题标准，旨在让学习者通过系统学习，提高其对各种生活场景及热门话题的听力理解能力，同时培养其跨文化交际能力和思辨能力。

本教材适用于具有日语初级水平，且以中级及中级以上水平为目标的学习者使用。本教材突破一般教材的编写模式，依托编者团队研发的视频课，借助多模态教学手段，强调听说训练并举，即学即用，切实提高学习者的日语应用能力。

本教材从构思、设计、视听材料的收集到编写历时数年，期间得到了稻村寿美代等日本友人的指导和帮助，以及外语教学与研究出版社的支持，在此表示诚挚感谢！

囿于我们的学识和经验，在教材设计编写中尚存在不足之处。我们诚挚地希望广大使用者以及各界专家提出批评和建议。

编者团队

2024年2月

本教材的特点

1 > 立体式教材

充分利用现代教育信息技术，构建纸质教材与视频课紧密结合的立体式教材，从而使日语的教与学不受时间和空间的限制，既方便课堂教学，又有利于学习者自主学习，随时随地听说日语。

2 > 导入“Can-do”自我评价表，明确学习目标，提高自我评价意识

借鉴《JF日语教育标准2010》和《欧洲语言共同参考框架：学习、教学、评估》中语言“Can-do”自我评价表的理念，对每章应完成的任务都设计了对应的听说“Can-do”自我评价表，全部听说活动都围绕着培养该能力展开。学习者可对照“Can-do”自我评价表，对学习情况进行实时评价，同时可与同伴分享已达成的目标。通过“Can-do”自我评价表，引导学习者自我反思，不断提高其自我评价意识。

3 > 题材广泛，培养跨文化交际能力

视听材料主要来源于自建的多模态语料库和题库。本教材精挑细选十个话题，由易到难，循序渐进，逐步展开。内容涵盖职场工作、交通出行、休闲娱乐等日常生活的各个方面。通过独白和不同人物关系间的对话，拓宽学习者的文化视野，促进其跨文化交际能力的提升。

4 > “听、说、读、写、视、演”多模态练习，提高语言应用能力

根据任务型教学法和产出导向法的理念合理设计学习任务，让学习者在“用语言做事”的过程中习得语言。在听力练习设计方面力求实现三个目的：第一，帮助学习者准确理解输入的听力材料；第二，总结听解策略；第三，使学习者从听力材料中学会重要的表达方式，为之后的口语练习做准备。口语练习形式有跟读、问答、角色扮演、小组讨论、辩论等。此外，设置“原汁原味&配音挑战”环节。学习者对视频片段进行视听与配音表演，在学以致用的同时感受日本社会和日本文化。

5 › 教学环节设计合理，符合认知规律

教学环节体现听说交替、听说结合、以说带听、以听促说的设计。根据认知规律将听说活动设计为：“听前”热身，激活与话题相关的背景知识；“听中”运用听解策略，完成听解任务；“听后”通过“说、写、演”的大量输出，巩固所学内容。此教学环节的设计以学习者为中心，充分发挥学习者主观能动性，促进其交际能力的提高。

6 › 兼顾日本语能力测试（JLPT）

考虑到学习者有参加日本语能力测试（JLPT）的需求，在每章的最后设置了综合性的听力练习，来提高学习者的应试能力。

章节的构成及使用建议

本教材选取的场景与日常生活息息相关，反映多元文化，并遵循从易到难的原则进行编排。每章设置了“听前、听中、听后、拓展”环节，具体如下表：

标题	内容	环节
一 导言	首先介绍本章的设计目的，之后要求学习者通过学习视频课，自主填写“Can-do”自我评价表。	听前
二 听前热身	阅读一篇文章，然后对照原文听录音，结合练习题理解文章，帮助学习者激活本章相关背景知识。	
三 小试牛刀	听与话题相关的音频并做选择题或判断题，激活学习者的既有知识、经验等，同时培养其在听力活动中获取重要信息的能力。	听中
四、五 典型题材	听与话题相关的对话或独白，配以“听解小贴士”，培养学习者听前预测、听中推测、筛选重要信息等听解策略的运用能力。	
六 重要表达方式	列出本章听力材料中的重要表达方式，配有中文翻译帮助学习者理解。教学中可安排学习者课前自主学习该部分内容，课上教师讲解要点即可。	听后
七 原汁原味& 配音挑战	观看贴近生活的视频片段，并完成任务。在此过程中，学习者不仅要学习语言知识，还要观察非言语行为，由此加深对日本社会和日本文化的理解，感受日本的生活和文化氛围。 配音挑战让学习者成为视频场景中的一员，鼓励学习者运用生动的语言表达参与表演，培养其团队协作能力。	
八 活学活用	要求学习者运用前面环节所学知识，根据题目要求和语境完成填空、分角色表演等任务。	
九 综合练习	要求学习者完成听力与口头讨论两大任务。每道听力题均是听说结合的形式，以说带听，以听促说。讨论题结合各章主题和时下热点话题，旨在培养学习者的日语思辨能力。	拓展

本教材的视听材料均为原汁原味的日语对话或独白，建议学习者充分利用这些富有感情色彩的材料来练习“听”和“说”。首先，学习者要能听懂正常语速的日语，并把握其大意。其次，要熟悉日语对话或独白展开的形式。第三，要有意识地做模仿或复述的练习。第四，将“略听”与“精听”相结合，穿插使用多种听说策略。最后，养成“影子跟读”和“听写”的学习习惯。总之，通过听说结合的练习，学习者的日语交际能力定会逐渐提高。

目录

第一章 职场工作

一 导言 1.1

動画を見てください。それから、聞く能力と話す能力における目標を下記の表に記入しておいてください。

职场工作包括制定工作流程、做会议报告、接待客户、拜访其他公司、发商务邮件等。虽然这个话题的内容较多，但有一套相对系统的表达方式，这些表达方式可以反映具有日本文化特色的思维模式、语言运用方式和行为方式。本章主要围绕“工作中的请教与指导”“工作安排”“出差或会议的准备”“应对投诉”“工作汇报”“求职面试”等内容展开。通过本章的练习，我们要能够分辨“上级和下级”“公司内和公司外”等关系。在此基础上，我们要能够听懂职场工作中常用的表达方式，并在汇报工作、解决问题时能够表达自己的意见，有效地开展工作。

本章的“听”“说”目标（“Can-do”自我评价表）：

	Can-do（聞く）	Can-do（話す）
1		
2		
3		
4		

二 › 听前热身 & 1.2

1. 次の文章を読んでください。それから録音を繰り返し聞いてください。

職場での基本的なルール

職場にはその職場特有の決まりや習慣といったルールがあります。配属されたら、まず、その職場の決まりやルールなどについての情報を把握するようにしましょう。こうしたルールを知らないままでいると、人間関係や仕事にも影響を及ぼしかねません。職場のルールなどについて知るためには、「職場の人たちの行動をよく観察する」「分からない時には、周囲の人に尋ねる」「とっさの場合は、周囲の人のまねをしてその場を切り抜け、後でよく調べる」という方法があります。

職場での基本的なルールとして以下のものがあります。

① 出社・退社の際に、必ず挨拶をする。

② 何事にも肯定的・協力的な態度を示す。

③ 使った備品や書類は、決められた場所に戻す。

④ 公私のけじめをつける。

⑤ 上下の順序を尊重する。

⑥ 相手の話、アドバイスにきちんと耳を傾ける。

⑦ 自分本意の話・話し方をつつしむ。

⑧ なれなれしくしすぎない（親しき中にも礼儀あり）。

⑨ 叱られたり、ミスをしたりする時にも、感情的にならない。

⑩ 仕事が終わったら机の上を片付けて帰る。

また社会人になったら、「報・連・相（ホウ・レン・ソウ）」という言葉をよく耳にするようになります。「ホウ・レン・ソウ」とは、「報告・連絡・相談」といった、業務を円滑に遂行するために必要な一連の動作のことです。

2. 録音を聞きながら以下の（　　　　　）を埋めてください。

職場での基本的なルール

職場にはその職場特有の決まりや習慣といったルールがあります。配属されたら、まず、その職場の（①　　　　　　　）などについての情報を把握するようにしましょう。こうしたルールを知らないままでいると、人間関係や仕事にも（②　　　　　　）かねません。職場のルールなどについて知るためには、「職場の人たちの行動をよく（③　　　　　　　）する」「分からない時には、周囲の人に（④　　　　　　）」「とっさの場合は、周囲の人のまねをしてその場を切り抜け、後でよく調べる」という方法があります。

職場での基本的なルールとして以下のものがあります。

① 出社・退社の際に、必ず挨拶をする。

② 何事にも（⑤　　　　　　　）な態度を示す。

③ 使った備品や書類は、決められた場所に戻す。

④ 公私の（⑥　　　　　　　）。

⑤ 上下の順序を尊重する。

⑥ 相手の話、アドバイスにきちんと（⑦　　　　　　　）。

⑦ 自分本意の話・話し方を（⑧　　　　　　　）。

⑧ なれなれしくしすぎない（親しき中にも礼儀あり）。

⑨ 叱られたり、ミスをしたりする時にも、感情的にならない。

⑩ 仕事が終わったら机の上を片付けて帰る。

また社会人になったら、「報・連・相（⑨　　　　　　　）」という言葉をよく耳にするようになります。「（⑨　　　　　　　）」とは、「報告・連絡・相談」といった、業務を（⑩　　　　　　　）するために必要な一連の動作のことです。

3. 次の質問に答えてください。

① 配属されたら、まず何をしておいたほうがいいですか。

② 職場のルールを知るために、どんな方法がありますか。

③「ホウ・レン・ソウ」とは何のことですか。

三 › 小试牛刀 & 1.3

会話を聞いて、最もよいものを一つ選んでください。

1番

1−1 男の人は最初に打ち合わせに何を持って行こうと言っていましたか。

① 提案書とカタログと見積書

② 提案書とカタログ

③ 提案書と見積書

④ カタログと見積書

1−2 男の人は最後に何を持って行こうと決めたのですか。

① 提案書とカタログと見積書

② 提案書とカタログ

③ 提案書と見積書

④ カタログと見積書

1−3 見積書について、女の人はどう思っていますか。

① 数字が出せる段階で出したほうがいい

② お金が絡むことだから慎重にしたほうがいい

1−4 どうして持って行くものが変わりましたか。

① 明日の打ち合わせに間に合わないから

② 女の人の意見を聞いたから

2番

2−1 海外からのお客さんが日本へ来るのは初めてですか。

① はい

② いいえ

2−2 お客さんは仕事のほかに観光する予定がありますか。

① はい、ある

② いいえ、ない

2−3 女の人はどんなお土産がいいと思っていましたか。

① 観光地の名産品

② 日本の伝統的なもの

2–4 女の人はこの後まず何をしなければなりませんか。

① お土産を買いに行く

② 秘書課に相談に行く

③ 観光案内の計画を立てる

④ お土産の候補を課長に伝える

四 > 典型题材1 & 1.4

二人の会話を聞きます。聞く前に選択肢を読んで意味を確認して、予測してみてください。どんな場面でどういう関係の人たちが何について話しているのか想像してみましょう。

(1番) **録音を聞いて、最もよいものを一つ選んでください。**

① 広告の効果が出ていないこと

② 原料の価格が高くなったこと

③ 生産が注文に追い付いていないこと

④ ほかの会社から同じような商品が出たこと

听解小贴士

关键语句

今の生産体制のままじゃ、対応し切れなくなってしまっているんだよ。/如果继续按当前的生产制度(生产)，就无法满足(需求)了。

听解策略

❶ 学习与产品生产和销售有关的表达方式，如原料、制造、价格、销售、订单等的说法。

❷ 关键是表示转折意义的接续(助)词，如本题「けど」后出现了重要信息，在听时需留意。

❸ 将选项内容与听力内容匹配时，请注意同一内容可能会用不同的表达方式呈现。如：
広告の効果がいい＝広告に力を入れるかいがある；生産が注文に追い付いていない
＝今の生産体制のままじゃ、対応し切れなくなってしまう。

正确答案

选项③

2番 もう一回聞いて、録音の内容と合っているものに○、合っていないものに×をつけてください。

①（　　）　②（　　）　③（　　）　④（　　）

五 > 典型题材2 & 1.5

1番 まず会話を聞いてください。それから、質問と選択肢を聞いて、①から④の中から、最もよいものを一つ選んでください。

①　②　③　④

听解小贴士

关键语句

黒板があって、机が動かせて、参加者が動きまわれるようなスペースがほしいんです。/（我们）希望有一个配备黑板和可移动桌子的空间，以便参会人员可以自由活动。

やっぱり机が動かせて、部屋もある程度広いほうが、グループ活動をしやすいですね。/确实，有可移动桌子和宽敞房间的地方更适合进行集体活动啊。

听解策略

❶ 在听信息量较大的对话或独白时，要养成边听边记录的习惯。

❷ 先有条理地记录一方的需求和另一方能提供的条件，再仔细对比这些信息，最后进行信息匹配。

❸ 掌握表示归纳总结的副词的用法，如：「やっぱり」「結局」等。

正确答案

选项③

2番 もう一回聞いて、録音の内容と合っているものに○、合っていないものに×をつけてください。

①（　　）　②（　　）　③（　　）　④（　　）

六 › 重要表达方式 & 1.6

1. 本章の重要表現

録音を聞きながらシャドーイングの練習を繰り返してください。

❶「ホウ・レン・ソウ」とは、「報告・連絡・相談」といった、業務を円滑に遂行するために必要な一連の動作のことです。/「ホウ・レン・ソウ」是日语中“汇报、联系、商谈”的缩写，指为了顺利推进业务而进行的一系列工作。

❷ 何とか時間が取れないか調整してみたんだけど、今回はどうにも仕事のスケジュールが厳しくてね。/（我们）尝试过调整时间，但这次工作的日程安排太紧张了，不太行啊。

❸ 開発の際にこだわった低価格でありながら、高級感のある味っていう点が、消費者に評価されたみたいなんだよ。/在研发（巧克力）时我们坚持的“低价格但味道有高级感”这一理念，（现在）看来受到了消费者的好评。

❹ 体操やレクリエーションに使うことが多いんですが、その名の通り、何に使ってもいいスペースですから、そこに机と椅子と黒板を入れることもできます。/虽然这个空间通常用于做体操或举办文娱活动，但正如其名，实际上可以用于任何用途，因此那里也可以放置桌椅和黑板。

❺ 消費者の声も大事だから、好感度とか調べてみたらどう？具体的なデータがあれば、説得力もあるし。それでもだめなら、また一から新しくデザインし直すしかないけど。/因为消费者的意见也很重要，所以（我们）试着调查一下（他们对商品的）好感度如何？如果有具体数据，那将会更有说服力。如果还是不行，只能重新设计了。

❻ 先ほど、店長の休憩中に、お客様がいらっしゃって、昨日お渡ししたスカートのすそに皺がついているって、スカートを置いて行かれたんですが。/刚才店长您在休息的时候，来了一位顾客，说昨天给（她）的裙子的裙摆上有褶皱，她把裙子留下就走了。

❼ まず、こちらが提示した価格と、あちらの予算とが合わないのが一番の問題だと思います。/首先，我认为最大的问题是我方提供的价格与对方的预算不一致。

❽ 価格については部長とも相談する必要がありますから、とりあえず、すぐに今日の話し合いの報告書を作ってください。/价格方面也需要与部长商量，所以请你先把今天商谈内容的报告书准备好。

❾ この報告書の電子ファイル、私宛に送ってって頼んでたと思うけど、修正も出たから、送るのは全部修正が済んでからにしてくれる？/我之前委托你把这份报告的电子版发给我，但现在需要对其进行修改，所以等全部修改完成后再发给我吧。

❿ たとえ4時で大丈夫だと思っても、相手が特に急いでなかったら、少し余裕を持って、4時半に届けますって言っといたほうがいいよ。/即使（你）认为4点可以送达，但如果对方不是特别着急的话，就应该稍微（给自己）留点余地，告诉对方我们会在4点半送过去。

2. 自分にとっての重要表現

本章のトピックで勉強したものに、まだ分からないところがあれば、ここに書き留めて、友人や先生に教えてもらったり、辞書などで調べたりしてください。

七 > 原汁原味＆配音挑战 1.7

本章で習ったトピックは、日本人の実際の生活では、どのように現れているのか。テレビドラマのワンシーンを通して見てみましょう。

1. 次の質問を考えながら、スキットを見てください。

   ① 女の人は何と言ってプレゼンを始めましたか。

   ② 同僚が困っているところを、女の人は何と言って助けましたか。

2. もう一度スキットを見て、プレゼンの後に、女の人に出された質問の部分のセリフを書きましょう。

3. もう一つドラマのワンシーンを見てください。面接の場面です。女の人のセリフをまねて、アフレコにチャレンジしましょう。

八 > 活学活用 & 1.8

タスク１

会社で二人が話しています。まず、次の会話を読んで、（　　　　）のところを考えて、埋めてみてください。

女： ねえ、昨日会議の後、浮かない顔してたね。どうしたの？会議の時間、かなり長引いたみたいだけど。

男：うん、議題に関する資料、参加者全員に事前にメールで添付して（①　　　　　）しといたんだけど。ほとんどの人が（②　　　　　）なかったんだ。メールで送れば、必ずチェックするもんだって思ってたんだけど。

女：みんな忙しいからね。（③　　　　　）は後で見ようと思って、結局忘れちゃうことあるんだよね。

男：うん。今回はほんと学んだよ。会議の日が迫ってきたら、資料に目を通したか、もう一度（④　　　　　）べきだって。せっかく議論を効率的に進めようと思って、事前に進行役と打ち合わせしたのに。その場で一から資料を読むことになって。で、会議の時間（⑤　　　　　）んだ。

女：そうか。

男：次から今回学んだこと、実行していくよ。

タスク2　ロールプレー

会社で男の人と女の人が午後の会議について話しています。男の人は会議のためにいろいろな準備をします。課長からの指示もあれば、自ら準備しておきたいこともあります。

主な準備事項：

① 資料を印刷する

② 場所の変更を連絡する

③ パソコンの準備をする

④ 部長のスケジュールを確認する

⑤ 追加で資料を用意する

九 › 综合练习 1.9

タスク1

まず聞いて選んでください。それから質問に答えてください。

1番 会社で女の人と男の人が話しています。

1–1 録音を聞いて、最もよいものを一つ選んでください。

① デザインを作り直す

② 予算を見直す

③ デザインの意味を部長に伝える

④ 客観的なデータを取る

1–2 もう一回聞いて、質問に答えてください。

① 女の人は新しいデザインの意味を上司に伝えるために、プレゼンの時に何をしましたか。

② 男の人のアドバイスの主な内容は何ですか。

③ 客観的なデータはどうやって取りますか。

2番 クリーニング店で、男の店員と店長が話しています。

2–1 録音を聞いて、最もよいものを一つ選んでください。

① スカートを工場へ出す

② スカートのすそに店内でアイロンをかける

③ お客さんの自宅にスカートを届ける

④ 割引券を用意する

2–2 もう一回聞いて、質問に答えてください。

① お客さんの要求は何ですか。どうしてその要求を出したのですか。

② 店長はこれから何をしますか。

③ 店長はどうしてお客さんに謝りますか。

3番 **女の人と男の人が話しています。**

3−1 **録音を聞いて、最もよいものを一つ選んでください。**

① 先方と会議をする

② 納品のスケジュールを調整する

③ 上司と価格について話し合う

④ 話し合いのレポートを作成する

3−2 **もう一回聞いて、質問に答えてください。**

① 女の人の話では、先方と合わないところは何ですか。

② 日程と価格について、男の人はどうするつもりですか。

③ 男の人はどうして女の人にレポートを提出してもらいますか。

4番 **会社で男の人と女の人が話しています。**

4−1 **録音を聞いて、最もよいものを一つ選んでください。**

① ② ③ ④

4−2 **もう一回聞いて、質問に答えてください。**

① 男の人はどうして報告書を修正しますか。

② 男の人は部長が書いた視察のメモをどうしますか。

③ 男の人は明日何をしなければなりませんか。

5番 **ピザ屋で男の店員が女の店員に注意しています。**

5−1 **録音を聞いて、最もよいものを一つ選んでください。**

① ② ③ ④

5−2 **もう一回聞いて、質問に答えてください。**

① 女の人はどうして注意されましたか。

② 女の人は配達の時間について、どう思っていましたか。

③ 男の人はどうやって配達時間を決めたほうがいいと言っていましたか。

タスク2　ディスカッション

テレワークとは、情報通信機器などを活用して、時間や場所の制約を受けずに、柔軟に働くことができる形態のことを指します。「tele=離れた場所」「work=働く」という意味の単語を合わせた造語であり、リモートワークまた遠隔勤務とも言い、転じて在宅勤務などの意味もあります。テレワークを行う人を、テレワーカーと呼び、国土交通省の定義では「1週間に8時間以上、職場以外でICTを使って仕事をする人」となっています。しかし、メリットがある一方、デメリットも多くあると言われています。

メリット：
従業員にとっては通勤によって生じる負担を解消することができる。企業にとっては、オフィス維持にかかるコストの削減が可能になる。勤務が難しかった優秀な人材が獲得できる…

デメリット：
情報漏洩のリスクが高まる。上司の目がないためサボってしまう。部下のマネジメントがしにくくなる。チームワークが悪くなる…

もしあなたが社長だったら、テレワークを取り入れますか。上記に挙げられているテレワークのメリットとデメリットを参考に、自分の考えをまとめてグループで友達とディスカッションしてください。オンライン授業の「討論区」でもご意見を発表し、多くの人とシェアしましょう。

第二章 职场生活

一 › 导言 2.1

動画を見てください。それから、聞く能力と話す能力における目標を下記の表に記入しておいてください。

职场中除了具体的工作任务以外，还有职场生活。健康的职场生活有助于个人的发展和组织目标的实现。职场生活包含的内容主要有：评价同事、对公司或工作的赞美和抱怨、获得工作福利、参加公司组织的聚会、工作态度等。

本章主要从“对工作和同事的评价”“公司福利”“职场中进修和晋升的方式”“辞职的理由”等方面进行学习。通过本章的练习，我们要能够听懂评价时表明态度的词汇、说明原因或理由时的词汇。同时，能够注意职场中说话时的措词方式，学会在职场中正确而得体地表达自己的评价、说明自己的理由。

本章的“听”“说”目标（“Can-do”自我评价表）：

	Can-do（聞く）	Can-do（話す）
1		
2		
3		
4		

二 › 听前热身 & 2.2

1. 次の文章を読んでください。それから録音を繰り返し聞いてください。

「こんなに頑張っているのに、認められない」、あなたも、「認められない不安と寂しさ」を抱えてはいませんか。努力しても評価されない。やっていることを誰にも気づいてもらえない。上司も同僚も私を認めてくれていない。様々な職場で、よく耳にする悩みです。認められていないと感じているなら、まず「何を認めてもらいたいのか」をじっくりと考えましょう。

人間として認められることと、仕事について認められることは別の問題です。

仕事で認められるには、結果を出さなければなりません。厳しくても、これが仕事のルールです。「結果は出せませんでしたが、目に見えないところで、こうした努力をしています。こんなふうに考えて、頑張っています。」

もしも、僕にこんなことを言ってくる部下がいるとしたら、答えは決まっています。「目に見えないところでの努力は、素晴らしい。素晴らしいことは認めるけれど、結果としての評価はできない。」

もしも、その答えに不満を漏らす部下がいるとしたら、たぶんこう答えます。「あなたは、あなたという人間を認めてほしいと言っているのかな。見えないところでの努力は、あなたの人間性に対する評価ですよね。だけど働いている時点で、あなたはもう、認められているのです。」

会社は認めていない人間を、雇用したりしません。給料を払う価値があると認めているから、働いてもらっているのです。「認められていなかったら、私は今ここにはいない」そう思えば、「認められない不安と寂しさ」は、やわらぐと思います。

2. 録音を聞きながら以下の（　　　　　）を埋めてください。

「こんなに頑張っているのに、認められない」、あなたも、「（①　　　　　）不安と寂しさ」を（②　　　　　）はいませんか。努力しても（③　　　　　）されない。やっていることを誰にも気づいてもらえない。上司も同僚も私を認めてくれていない。様々な職場で、よく耳にする悩みです。認められていないと感じているなら、まず「何を認めてもらいたいのか」を（④　　　　　）と考えましょう。

人間として認められることと、仕事について認められることは別の問題です。

仕事で認められるには、結果を出さなければなりません。厳しくても、これが仕事の（⑤　　　　　）です。「結果は出せませんでしたが、目に見えないところで、こうした努力をしています。こんなふうに考えて、頑張っています。」

もしも、僕にこんなことを言ってくる部下がいるとしたら、答えは決まっています。「（⑥　　　　　）ところでの努力は、素晴らしい。素晴らしいことは認めるけれど、結果としての評価はできない。」

もしも、その答えに（⑦　　　　　）部下がいるとしたら、たぶんこう答えます。「あなたは、あなたという人間を認めてほしいと言っているのかな。見えないところでの努力は、あなたの（⑧　　　　　）に対する評価ですよね。だけど働いている時点で、あなたはもう、認められているのです。」

会社は認めていない人間を、（⑨　　　　　）したりしません。給料を払う価値があると認めているから、働いてもらっているのです。「認められていなかったら、私は今ここにはいない」そう思えば、「認められない不安と寂しさ」は、（⑩　　　　　）と思います。

3. 次の質問に答えてください。

① 文章に出てきた「職場でよく耳にする悩み」とは何ですか。

② 仕事で認められたい場合、どんなことをしなければならないのですか。

③「認められない不安と寂しさ」があった場合、どう考えればいいのでしょうか。

三 ＞ 小试牛刀 & 2.3

会話を聞いて、最もよいものを一つ選んでください。

1番

1−1 女の人はこれから何をしますか。

① 食事に行く

② 会議の会場と資料を確認する

1−2 男の人はどうして昼ご飯を食べに行かないのですか。

① 少し前に食べたばかりだから

② 緊張して食欲がないから

1−3 どうして1−2の状況になりましたか。

① おなかがすいて我慢しきれなかったから、食べた。

② 重役の前でのプレゼンだから、緊張している。

(2番)

2−1 女の人はこれからどうなりますか。

① 店長になる

② 店長にならない

2−2 どうして2−1の状況になりましたか。

① 部長に推薦されたから

② 転勤したくないから

2−3 どうして2−2の状況になりましたか。

① これまでの仕事が高く評価されていたから

② お父さんのことが心配だから

四 > 典型题材1 & 2.4

二人の会話を聞きます。聞く前に選択肢を読んで意味を確認して、予測してみてください。どんな場面でどういう関係の人たちが何について話しているのか想像してみましょう。

(1番) 録音を聞いて、最もよいものを一つ選んでください。

① 病院の予約をする

② 人事課に申請書を出す

③ 利用者登録をする

④ 人事課に受診可能な日を連絡する

听解小贴士

关键语句

男：今まで、利用したことないんですけど、どうやって申し込んだらいいですか。/（我）到目前为止还没有用过（这个费用补助），应该如何申请呢？

女：この制度を初めてご利用なさる際には、社員番号などの情報を入力して、利用者登録が必要です。/初次使用时，需要输入员工号码等信息进行登录。

听解策略

❶ 听清提问，带着明确的任务听材料，关注和"顺序"相关的表达方式。

❷ 着重听与选项相关的内容，边听边做标记，排除错误选项，锁定正确答案。

❸ 理解并掌握"省略"的表达方式。如「特に（は）～（ない）」。

正确答案

选项③

2番 もう一回聞いて、録音の内容と合っているものに○、合っていないものに×をつけてください。

①（　）　②（　）　③（　）　④（　）

五 > 典型题材2 & 2.5

1番 まず会話を聞いてください。それから、質問と選択肢を聞いて、①から④の中から、最もよいものを一つ選んでください。

①　②　③　④

听解小贴士

关键语句

女：じゃあ、大変でしょう。/那一定很辛苦吧。

男：うーん。不思議なんだけど、そうでもないんだよ。時間に追われて不規則な生活してるわりにね。やりたい仕事だからかな。/特别不可思议的是，尽管（我）每天都在和时间赛跑，生活也不规律，但我却并不觉得（工作）多么辛苦。可能因为这是(我)想从事的工作吧。

听解策略

❶ 本题开头无题目，需边听边预测接下来的内容。

❷ 掌握表示“转折”“比较”的表达方式，如「～わりに、～」「～と違って」「～より」等。

❸ 理解对话大意，抓住中心思想，并通过排除法选出正确答案。

正确答案

选项②

2番 もう一回聞いて、録音の内容と合っているものに○、合っていないものに×をつけてください。

①（　）　②（　）　③（　）　④（　）

六 › 重要表达方式 & 2.6

1. 本章の重要表現

録音を聞きながらシャドーイングの練習を繰り返してください。

❶ 会社は認めていない人間を、雇用したりしません。給料を払う価値があると認めているから、働いてもらっているのです。/公司不会雇佣(他们)不认可的人。正是因为公司认可了(你)有付工资的价值，才会让你(在这)工作。

❷「認められていなかったら、私は今ここにはいない」そう思えば、「認められない不安と寂しさ」は、やわらぐと思います。/只要想着“如果自己不被认可，现在就不会在这里了”，那种“不被认可的不安和落寞(的感觉)”就会减轻。

❸ 評価してくださったことは大変嬉しく思いますし、もし店長になったら、やっ

てみたいことはたくさんあるんですが、申し訳ありません。また、次の機会に声をかけてくださるように頑張ります。/我非常高兴能得到大家的好评。当店长的话，（我）有很多想做的事情，但是十分抱歉，（我得放弃这次当店长的机会）。我会继续努力，争取下次还能得到这样的机会。

❹ 人間ドックを受ける人には、2万円を上限とした補助があります。うちの会社と提携している病院での受診は、社員向けホームページから直接予約できるシステムになっています。/进行综合体检的人会获得最高两万日元的补助。选择与我们公司合作的医院体检时，可以从系统的员工主页直接预约。

❺ 不思議なんだけど、そうでもないんだよ。時間に追われて不規則な生活してるわりにね。やりたい仕事だからかな。/特别不可思议的是，尽管（我）每天都在和时间赛跑，生活也不规律，但我却并不觉得（工作）多么辛苦。可能因为这是（我）想从事的工作吧。

❻ 確かにミスのないよう慎重になることは大事だけど、一つのことに時間をかけるのもほどほどにね、その時々で臨機応変に対応しないと。/虽然为了不犯错误而慎重行事的做法很重要，但是在一件事情上花费的时间要适度，要懂得随机应变。

❼ 副業って、人脈が増えたり、視野も広がったりして、きっと本業にもプラスになると思うから、リスクは承知で一度チャレンジしたいと思ってるんだ。/副业可以拓宽人脉，拓展视野，对本职工作也会有帮助，所以即使（做副业）有风险，我也想挑战一下。

❽ 会社に利益になると判断されると、海外の大学院で勉強するための奨学金がもらえるんだよ。/如果（公司）认为（这样做）会给公司带来效益，那么（你）将会得到去国外读研究生的奖学金。

❾ 僕らがやるべきなのはそれぞれの得意分野を見定めてそれを伸ばしてやることなんじゃないかな。/我们应该做的难道不是让员工在他们擅长的领域充分发挥优势吗?

❿ 会社にはいろんな人がいるから、補い合えるじゃない？弱点の克服って、ものすごく時間かかるものだよ。仕事で結果出しながら、それをやらせるのはどうかと思うよ。/公司里有许多人，所以（大家）可以互相弥补。克服弱点是一件非常耗时的事，我觉得在工作中一边要求（员工）出成果，一边还希望（员工）克服自己的弱点可能会有些困难。

2. 自分にとっての重要表現

本章のトピックで勉強したものに、まだ分からないところがあれば、ここに書き留めて、友人や先生に教えてもらったり、辞書などで調べたりしてください。

七 › 原汁原味&配音挑战 2.7

本章で習ったトピックは、日本人の実際の生活では、どのように現れているのか。テレビドラマのワンシーンを通して見てみましょう。

1. 次の質問を考えながら、スキットを見てください。
   ① 二人は誰について話していますか。
   ② 男の人が今仕事で困っていることは何ですか。

2. もう一度スキットを見て、二人が話している人への評価についてのセリフを書きましょう。

3. もう一つドラマのワンシーンを見てください。赤いネクタイをした男の話をまねて、アフレコにチャレンジしましょう。

八 > 活学活用 & 2.8

タスク1

男の人は会社を辞めた理由について紹介しています。まず、次の文章を読んで、（　　　　）のところを考えて、埋めてみてください。

私が会社を辞めた理由はいくつかあります。毎日（①　　　　　）仕事をしなければならなかったので、帰宅時間も大抵11時過ぎでした。おかげで家族との（②　　　　　）が少なくなってしまいました。しかも、こんなに働いても、（③　　　　　）はずっと安いままでしたし、何と言っても、仕事に対する考え方が課長と合わなかったことが、大きいですね。仕事についての（④　　　　　）はどんな会社でもあると思うので、仕方がないと思いましたが、これだけは（⑤　　　　　）我慢ができませんでした。

タスク2　ロールプレー

男の人と女の人が新しい仕事について前の会社と比べながら話しています。以下の内容を参考しながら、会話を作って、発表してください。

新しい仕事	前の会社の仕事
覚えることがたくさんある	あまり忙しくない
夜も遅い	単調
責任ある仕事	誰でもできる仕事
魅力	
大変だけど、楽しい	

九 > 综合练习 2.9

タスク1

まず聞いて選んでください。それから質問に答えてください。

1番 **会社で部長と新入社員が話しています。**

1–1 **録音を聞いて、最もよいものを一つ選んでください。**

① せんぱいの指示をよく聞いたほうがいい

② もう少していねいに作業したほうがいい

③ 状況に応じて仕事を進めたほうがいい

④ 職場では積極的に動いたほうがいい

1–2 **もう一回聞いて、質問に答えてください。**

① 新入社員は今までの仕事ぶりで評価されたところは何ですか。

② 評価されなかったところは何ですか。

③ 部長は新入社員に何をしてほしいと言っていますか。

2番 **会社で女の人と男の人が話しています。**

2–1 **録音を聞いて、最もよいものを一つ選んでください。**

① 会社で認められていないから

② 資金が調達できないから

③ 仕事が忙しくて時間がないから

④ やりたいことが決まっていないから

2–2 **もう一回聞いて、質問に答えてください。**

① 男の人は副業についてどう思っていますか。

② 女の人は副業をやりたいと思っていますか。どうしてですか。

③ 副業を始めるお金が足りない場合、どうすればいいですか。

3番 **会社で男の人と女の人が話しています。**

3–1 **録音を聞いて、最もよいものを一つ選んでください。**

① 国際部に異動するため

② 人事評価を上げるため

③ 海外支社に勤務するため

④ 留学用の奨学金をもらうため

3－2 **もう一回聞いて、質問に答えてください。**

① この会社の海外派遣制度とは何ですか。

② この会社では語学力が高まったらどうなりますか。

4番　会社で、男の人と女の人が新入社員について話しています。

4－1 **録音を聞いて、最もよいものを一つ選んでください。**

① 営業経験が豊富なところ

② やる気がないところ

③ すぐに成果を出しているところ

④ 熱心に勉強するところ

4－2 **もう一回聞いて、質問に答えてください。**

① 新入社員の川崎さんが会社に入ったのは新卒採用でしたか、それとも中途採用でしたか。

② 川崎さんの仕事ぶりはどうですか。

③ 男の人は川崎さんについてどう思っていますか。

5番　会社で管理の女の人と男の人が話しています。

5－1 **録音を聞いて、最もよいものを一つ選んでください。**

① 新たな能力を開発すること

② 能力をバランスよく高めること

③ 不得意分野を強化すること

④ 得意分野を伸ばすこと

5－2 **もう一回聞いて、質問に答えてください。**

① 5－1の正解の理由は何ですか。

② 今年、スタッフ全員が提出した自己分析と目標設定はどうなっていますか。

③ 女の人は部下を育てる上で何が大切だと言っていますか。

タスク2　ディスカッション

皆さんは「残業」についてどう思っていますか。日本には「仕事第一」という概念が根強く残り、「残業をするのは当たり前」というムードが依然として強いです。仕事に没頭し、毎日残業をして、一生懸命努力する姿が魅力的だと思う人もいます。でも、月に100時間以上残業し、身心ともに疲れ切ってしまったため、過労死や自殺に至った「社畜」も少なくないです。中国でも収入を増やしたかったり、リストラされて収入がなくなるのを恐れていたりする理由で、残業が当たり前の勤務スタイルを受け入れざるを得ない人がますます増えているそうです。

その一方、近年、「会社だけの人間になるな。人生を楽しめ。いろんな人と会え。世界を広げろ。そういう積み重ねがいい仕事を作る」などを意識して、毎日要領よく仕事を済ませ、定時で帰り、毎年有給休暇は全て使い切るという幸せな職場生活を送る人も増えてくるらしいです。

考え方1：
仕事を生きがいにして、ハードであっても仕事を通して達成感を得る。日本特有の会社に対する忠誠であり、会社への恩返しでもある。

考え方2：
生きがいは仕事だけではなく、余暇の時間に自分のしたいことをして楽しみ、視野を広げ、好きな人と一緒にいる時間を大切にし、充実した人生を過ごすことである。

考え方1のように仕事に打ち込み、残業をして、生きがいを見つけますか。それとも考え方2のように仕事をきちんとこなしながらも定時に帰り、生活を楽しみますか。自分の考えとその理由をまとめて、グループで友達とディスカッションしてください。オンライン授業の「討論区」でもご意見を発表し、多くの人とシェアしましょう。

第三章 交通出行

一 导言 3.1

動画を見てください。それから、聞く能力と話す能力における目標を下記の表に記入しておいてください。

交通出行与我们的生活密不可分，它涉及机票的预订、路况信息的查询、交通工具的选择等内容。相关的内容理解起来并不困难，做听解题时有时可以通过听前预测和常识来判断答案，然而，交通广播的语速较快，专业词汇较多，听时有一定难度。通过本章的练习，我们需要了解与日本交通有关的一些常识，掌握交通出行方面的专有词汇和表达方式，以提高对交通出行类题目的理解能力。除此以外，我们还要能够顺畅地与他人交流关于出行的话题。

本章的“听”“说”目标（“Can-do”自我评价表）：

	Can-do（聞く）	Can-do（話す）
1		
2		
3		
4		

二 › 听前热身 & 3.2

1. 次の文章を読んでください。それから録音を繰り返し聞いてください。

自転車も「あおり運転」罰則強化へ

あおり運転が社会問題として取り上げられる今、車だけでなく自転車も同様に処罰をくだされることとなりました。自転車は環境に優しく、便利な交通手段である一方で、車のように運転免許を必要としないことから、その運転マナーが問題視されてきました。改正道路交通法の施行によって、自転車の運転マナーが改善するかどうかに注目されています。

2020年6月30日からあおり運転が厳罰化され、「妨害運転罪」として厳しく取り締まられることが決まりました。これを受けて同年7月2日から危険運転を繰り返す自転車も同様に処罰の対象となります。

自転車による妨害運転罪とみなされるケースは、主に「逆走」「幅寄せ」「進路変更」「不必要な急ブレーキ」「ベルを執拗に鳴らす」などとされています。こうした危険行為を3年以内に2回以上繰り返した者は、講習命令がくだされ、これに背くと5万円以下の罰金となります。

対象者の年齢は、14歳以上となり、都道府県公安委員会が受講を命ずることができます。受講命令は、自転車運転者講習受講命令書が交付され、交付後3か月以内に受講する必要があります。受講時間は6時間、料金は6,000円です。

2. 録音を聞きながら以下の（　　　　　）を埋めてください。

自転車も「あおり運転」罰則強化へ

あおり運転が（①　　　　　）として取り上げられる今、車だけでなく自転車も同様に（②　　　　　）をくだされることとなりました。自転車は（③　　　　　）、便利な交通手段である一方で、車のように運転免許を必要としないことから、その（④　　　　　）が問題視されてきました。改正道路交通法の施行によって、自転車の運転マナーが（⑤　　　　　）かどうかに注目されています。

2020年6月30日からあおり運転が厳罰化され、「（⑥　　　　　）」として厳しく取り締まられることが決まりました。これを受けて同年7月2日から危険運転を繰り返す自転車も同様に処罰の対象となります。

自転車による妨害運転罪とみなされるケースは、主に「(⑦　　　　　)」「幅寄せ」「(⑧　　　　　)」「(⑨　　　　　)」「ベルを執拗に鳴らす」などとされています。こうした(⑩　　　　　)を3年以内に2回以上繰り返した者は、講習命令がくだされ、これに背くと5万円以下の罰金となります。

対象者の年齢は、14歳以上となり、都道府県公安委員会が受講を命ずることができます。受講命令は、自転車運転者講習受講命令書が交付され、交付後3か月以内に受講する必要があります。受講時間は6時間、料金は6,000円です。

3. 次の質問に答えてください。

① 自転車に乗るのに、運転免許が必要ですか。

② 自転車による妨害運転罪とみなされる危険行為には、何がありますか。

③ 2020年7月2日から、自転車の危険運転を繰り返した者はどんな処罰を受けますか。

三 › 小试牛刀 & 3.3

会話を聞いて、最もよいものを一つ選んでください。

1番

1–1 女の人はどこへ行く予定ですか。

① 金沢

② 沖縄

1–2 女の人はいつ出発しますか。

① 次の日曜日

② 次の土曜日

1–3 空いているのはどの便ですか。

① 朝9時40分の便

② 朝一番の便

1−4 女の人は何時の飛行機を予約しましたか。

① 午後1時

② 午前7時50分

(2番)

2−1 今日の授業は何時間目からですか。

① 1時間目

② 2時間目

2−2 今日どうして地下鉄が混んでいましたか。

① 地下鉄が遅れたから

② 事故があったから

2−3 男の学生はどこで降りましたか。

① 降りようとした駅で降りた

② 次の駅で降りた

2−4 男の学生はどうして怒っていますか。

① 地下鉄が事故で遅れたから

② ドアの近くの人が動かなかったから

四 > 典型题材1 & 3.4

二人の会話を聞きます。聞く前に選択肢を読んで意味を確認して、予測してみてください。どんな場面でどういう関係の人たちが何について話しているのか想像してみましょう。

(1番) 録音を聞いて、最もよいものを一つ選んでください。

① 午後から雨が降りそうだから

② 友達のうちに泊まるから

③ お酒をたくさん飲みたいから

④ タクシーで帰る予定だから

听解小贴士

关键语句

それより、今日のパーティー、珍しい外国のワインが出るらしいよ。/最主要的原因是，今天的聚会好像有难得能品尝到的外国红酒哦。

听解策略

❶ 先读选项预测对话内容，再明确题目是在问什么。

❷ 注意对话中和选项有关的语句，确认这是对选项内容的肯定还是否定。

❸ 听懂关键的提示性语句。本题中「それより」就是否定前者，在这之后出现的就是真正的原因。

正确答案

选项③

2番 もう一回聞いて、録音の内容と合っているものに○、合っていないものに×をつけてください。

①(　　)　②(　　)　③(　　)　④(　　)

五 > 典型题材2 & 3.5

1番 まず話を聞いてください。それから、質問と選択肢を聞いて、①から④の中から、最もよいものを一つ選んでください。

①　②　③　④

听解小贴士

关键语句

トンネル開通までには、今から3時間かかるとのことです。/据说隧道恢复通行还需要3个小时。

オカダまでは通常1時間のところ、2時間はかかるものと見込まれます。/去冈田通常需要一个小时的车程，（今天）预计需要两个小时（才能到达）。

听解策略

❶ 听广播通知类的听力材料需要边听边做记录，以便了解时间、事件等信息。

❷ 把握每一个时间词所表达的含义，以免被误导。

❸ 抓住提示时间的词汇「～から」「～まで」，明确事情的开始时间和结束时间。

正确答案

选项④

2番 もう一回聞いて、録音の内容と合っているものに○、合っていないものに×をつけてください。

①（　　）　②（　　）　③（　　）　④（　　）

六 > 重要表达方式 & 3.6

1. 本章の重要表現

録音を聞きながらシャドーイングの練習を繰り返してください。

❶ 地下鉄を降りようとしても、ドアの近くにいる人が、なかなか動いてくれなくて。/当想下地铁时，车门旁边的人却不肯挪地方。

❷ このバスが、トンネル事故の影響で出発を見合わせることになりました。/本趟车受到隧道事故的影响，暂停发车。

❸ トンネルが開通次第、すぐに出発予定ですが、渋滞が予想されるため、オカダまでは通常1時間のところ、2時間はかかるものと見込まれます。/隧道一恢复通行，（本车）将立刻发车，但是由于可能出现拥堵，去冈田通常需要一个小时的车程，（今天）预计需要两个小时（才能到达）。

❹ 車を運転していたのは近くに住む30歳の男性で、駐車場に車を止めようとした際、ブレーキとアクセルを踏み間違ってしまったと話しています。/据说开车的是一名住在附近的30岁男子，在停车场停车时，错把油门当成了刹车。

❺ こちらからの飛行機はビジネスクラスで、現地の交通手段も飛行機でいいですか。/ 出发订的是商务舱的飞机，到了当地后，可以也坐飞机出行吗？

❻ ただいま地下鉄東南線は信号機トラブルの影響で始発から運転を見合わせております。/目前地铁东南线受信号故障的影响，从始发站开始暂停运行。

❼ ご希望の飛行機はあいにく席がいっぱいでして、キャンセル待ちか次の便への変更が必要となります。/您希望搭乘的航班座席已满，需要您候补等位，或者改乘下一个班次。

❽ 強風の影響により、一部で渋滞が発生しておりますが、今夜中には解消されるでしょう。/受大风影响，部分地区会出现拥堵，预计今晚道路将恢复畅通。

❾ 明日は、連休で中断されていました道路工事の再開による混雑が予想されますので、運転にはご注意ください。/因连续的休息日而暂停的道路施工，从明天起继续进行，预计施工会造成交通拥堵，开车出行时请注意路况。

❿ ちょっと車がふらふらして、そのまま電柱にぶつかりました。そういえば、ライトはついていませんでしたね。/车晃晃悠悠地撞到了电线杆上。对了，好像当时没开车灯吧。

2. 自分にとっての重要表現

本章のトピックで勉強したものに、まだ分からないところがあれば、ここに書き留めて、友人や先生に教えてもらったり、辞書などで調べたりしてください。

七 › 原汁原味&配音挑战 3.7

本章で習ったトピックは、日本人の実際の生活では、どのように現れているのか。テレビドラマのワンシーンを通して見てみましょう。

1. 次の質問を考えながら、スキットを見てください。

① 羽田空港から各地に向かう便は今日どうなっていますか。

② 高速道路の渋滞はいつまで続きますか。

2. もう一度スキットを見て、ニュースの主な内容を書きましょう。

3. もう一つドラマのワンシーンを見てください。アフレコにチャレンジしましょう。

八 › 活学活用 & 3.8

タスク1

交通事故についてのニュースです。まず、次のニュースを読んで、(　　　)のところを考えて、埋めてみてください。

交通事故をお伝えします。今日の午前11時ごろ、港区のスーパーの駐車場で車が店の壁に(①　　　　　)事故が起こりました。事故当時、駐車場や店内には(②　　　)が大勢いましたが、幸い、(③　　　　　)はいませんでした。車を運転していたのは近くに住む30歳の男性で、(④　　　　　)に車を止めようとした際、(⑤　　　　　)を踏み間違ってしまったと話しています。

タスク2　ロールプレー

カウンターで旅行会社の人と話して、飛行機のチケットを予約しようとしています。以下の情報を参考にして、会話を作ってください。

目的地：ペキン

出発の日：5月3日午前中

飛行機のチケット：午前中の便は満席　午後の便も空席がない　ピーク

結果：キャンセル待ち

九 › 综合练习 3.9

タスク1

まず聞いて選んでください。それから質問に答えてください。

1番 男の人二人が会社で話をしています。

1–1 録音を聞いて、最もよいものを一つ選んでください。

① 飛行機を乗り継いで行く

② 飛行機と車で行く

③ 飛行機と船で行く

④ 飛行機と船と車で行く

1–2 もう一回聞いて、質問に答えてください。

① 部長はどうして現地で飛行機に乗りませんか。

② 現地での移動は車で何時間かかりますか。

③ 最後に、部下が提案したもう一つの方法は何ですか。

2番 地下鉄の駅で駅員が話しています。

2–1 録音を聞いて、最もよいものを一つ選んでください。

①　　②　　③　　④

2-2 **もう一回聞いて、質問に答えてください。**

① 地下鉄は何の原因で運転を見合わせましたか。

② 運転開始の時間は知らせましたか。

③ アナウンスを聞いた人はどうしたほうがいいですか。

3番 **留守番電話のメッセージを聞いています。**

3-1 **録音を聞いて、最もよいものを一つ選んでください。**

① ② ③ ④

3-2 **もう一回聞いて、質問に答えてください。**

① 希望の飛行機が満席になる場合、どうしなければなりませんか。

② 次の便を利用するなら、何時ごろ到着する予定ですか。

③ メッセージを聞いた人は、まず何をしたほうがいいですか。

4番 **ラジオで、女の人が交通情報を伝えています。**

4-1 **録音を聞いて、最もよいものを一つ選んでください。**

① 事故の処理が終わらないから

② 強風が予想されるから

③ 連休が始まるから

④ 道路工事が行われるから

4-2 **もう一回聞いて、質問に答えてください。**

① 連休の最終日は何月何日何曜日ですか。

② 今高速道路が渋滞している原因は何ですか。

③ 道路工事はどうして中断されましたか。

5番 **警官が交通事故について調べています。三人の話です。**

5-1 **録音を聞いて、最もよいものを一つ選んでください。**

① ② ③ ④

5-2 **もう一回聞いて、質問に答えてください。**

① 運転手は何時ごろ帰りましたか。

② 車は何にぶつかりましたか。

③ 運転手は何分間ぐらい電話をかけていましたか。

タスク2　ディスカッション

次の二つのテーマから一つ選んでディスカッションしてみてください。

(一)

街を歩いていて、横断歩道を渡ろうとした時、信号が赤になりました。左右を見ると、車は1台も来ません。「渡るか待つか」という調査に対して、「安全だと分かっているのに、待っているのは時間の無駄だ」とか、「十分に安全を確かめてから渡ればいい」と言って渡る人がいますが、「乱暴な運転が怖い」「事故に遭うのはいやだ」と言って、信号が青になるまで待つ人もいます。また、「横断歩道の長さによって決める」との意見もありました。

あなただったら、渡りますか。それとも信号が青になるまで待っていますか。どうしてですか。自分の考えをまとめてグループで友達とディスカッションしてください。オンライン授業の「討論区」でもご意見を発表し、多くの人とシェアしましょう。

(二)

中国における高鉄の発展について、日本人のSNSでのメッセージです。

「15年前に瀋陽から大連に来た時には、バスで4時間半かかりました。7年前は列車で3時間半かかり、今回は高鉄（中国の新幹線）で1時間50分で到着しました。」
「これだけの短期間に、交通システム一つにとっても、大変な成長を遂げていますね。」
「バス料金のお支払いはスマホ決済で簡単にできるなんて、すごい。」

高鉄をはじめとする中国の交通における発展について、どう思いますか。自分の経験や意見などをまとめて、グループで友達とディスカッションしてください。オンライン授業 の「討論区」でもご意見を発表し、多くの人とシェアしましょう。

第四章 休闲娱乐

一 › 导言 4.1

動画を見てください。それから、聞く能力と話す能力における目標を下記の表に記入しておいてください。

休闲娱乐是我们日常生活不可或缺的一部分。休闲娱乐包括高尔夫、慢跑等体育活动和一些娱乐活动等。在讨论体育活动时，通常涉及到开始参与该运动的原因、运动的要领、运动给参与者带来的身心变化等相关话题。而在组织娱乐活动时，常常涉及到活动的先后顺序或具体的注意事项等内容。通过本章的练习，我们要能够听懂与休闲娱乐相关的对话或独白，并且在实际参与类似的对话时，能够传达必要的信息。

本章的"听""说"目标（"Can-do"自我评价表）：

	Can-do（聞く）	Can-do（話す）
1		
2		
3		

二 › 听前热身 & 4.2

1. 次の文章を読んでください。それから録音を繰り返し聞いてください。

気持ちよくヨガを続けていこう

最近では心と体の健康のため、普段の生活の中にヨガを取り入れている人も増えてきています。ただ、「よいとは聞いてるけど何から始めたらいいのか分からない…」「飽きっぽいからすぐやめてしまいそう」など、ヨガに対して不安な想いを抱いている人もまだまだ多いはずです。そんな気持ちを解消すべく、初心者でもヨガの効果を高め、気持ちよくヨガを続けていける方法を紹介していきます。

まず知っておいてほしいのは、日ごろから「鼻呼吸」を意識しておくといいということ。ヨガはポーズをただ単純に取るだけではなく、鼻から息を吸う動きに合わせてゆっくり身体を動かしていきます。ヨガで鼻呼吸が採用されているのは、鼻から息を吸うことできれいな空気が体内に入りやすく、自立神経が整い、血行が促進されるためです。

そして、なんと言ってもヨガで正しいポーズを身につけた効果を体感する早道は、プロのインストラクターに学ぶこと。もちろん、現在はヨガのDVDや書籍も多く販売されているので、独学でもヨガを始めることは可能です。ただし、レッスンでは自分一人で行っていた時には到底気付けなかった点を、プロの目から微調整してもらうことができます。インストラクターの正しい姿勢を目の前で見ることで、知識は浸透しやすく、ヨガの体得は早くなります。百聞は一見にしかず。まずはプロにレクチャーを受けながら、本来のヨガの気持ちよさを味わいましょう。

2. 録音を聞きながら以下の（　　　　　）を埋めてください。

気持ちよくヨガを続けていこう

最近では心と体の健康のため、普段の生活の中にヨガを取り入れている人も増えてきています。ただ、「よいとは聞いてるけど何から始めたらいいのか分からない…」「（①　　　　　）からすぐやめてしまいそう」など、ヨガに対して不安な想いを抱いている人もまだまだ多いはずです。そんな気持ちを解消すべく、（②　　　　　）でもヨガの効果を高め、気持ちよくヨガを続けていける方法を紹介していきます。

まず知っておいてほしいのは、日ごろから「(③　　　　　)」を意識しておくといいということ。ヨガはポーズをただ単純に取るだけではなく、鼻から息を吸う動きに合わせてゆっくり身体を動かしていきます。ヨガで「(③　　　　　)」が採用されているのは、鼻から息を吸うことできれいな空気が体内に入りやすく、(④　　　　　)が整い、血行が促進されるためです。

そして、なんと言ってもヨガで正しいポーズを身につけた効果を体感する(⑤　　　　　)は、プロの(⑥　　　　　)に学ぶこと。もちろん、現在はヨガのDVDや書籍も多く販売されているので、(⑦　　　　　)でもヨガを始めることは可能です。ただし、レッスンでは自分一人で行っていた時には到底気付けなかった点を、プロの目から(⑧　　　　　)してもらうことができます。インストラクターの正しい姿勢を目の前で見ることで、知識は浸透しやすく、ヨガの体得は早くなります。(⑨　　　　　　　　　　)。まずはプロに(⑩　　　　　)を受けながら、本来のヨガの気持ちよさを味わいましょう。

3. 次の質問に答えてください。

① どんな不安を持っている人が多いと言っていますか。

② 鼻呼吸はどんなメリットがありますか。

③ ヨガで正しいポーズを身につけた効果を体感する早道は何ですか。

三 › 小试牛刀 & 4.3

録音を聞いて、最もよいものを一つ選んでください。

1番

1-1 何について話していますか。

① 運動

② 食事

1-2 女の人はどうして家族に注意されましたか。

① 運動が足りないから

② 運動しすぎるから

1−3 女の人はこれからどうしますか。

① 運動を始める

② 運動をやめる

1−4 男の人が運動を始めた理由は何ですか。

① 家族にすすめられたから

② 運動不足だと感じたから

③ 友達にさそわれたから

④ 気分転換したかったから

2番

2−1 留守番電話の内容はどのようなことですか。

① 音楽会に誘いたい

② 誘われた音楽会に行ける

③ 誘われた音楽会に行けない

④ 音楽会に行く予定を変更したい

2−2 話の内容に合っていないのはどれですか。

① 女の人は来週の金曜日に音楽会に誘われた

② 女の人はほかの予定があるので、行くことができない

③ 女の人のご主人はジャズにあまり興味を持っていない

四 › 典型题材1 & 4.4

二人の会話を聞きます。聞く前に選択肢を読んで意味を確認して、予測してみてください。どんな場面でどういう関係の人たちが何について話しているのか想像してみましょう。

1番 **録音を聞いて、最もよいものを一つ選んでください。**

① 体調が崩しにくくなったこと

② 新しい目標ができたこと

③ 生活が規則正しくなったこと

④ 仕事以外の人間関係ができたこと

听解小贴士

关键语句

体力がついたとか、体調を崩しにくくなったとか、目に見える効果っていうのはまだ実感してませんが、来年ぐらいにはマラソン大会に出ようという新しい目標ができたんです。おかげでこれまで以上に日々の生活が充実しています。/虽然（我）还没感觉到（跑步让）我的体力增强或者更加健康，但是我已经设定了新目标，计划明年参加马拉松比赛。这也让我的生活更加充实了。

听解策略

❶ 听题前先阅读四个选项，再预测听力材料的内容。

❷ 注意句中的接续助词「が」「けど」等，通常这些词后的信息更重要。

❸ 排除干扰信息。

正确答案

选项②

2番 もう一回聞いて、録音の内容と合っているものに○、合っていないものに×をつけてください。

①（　　）　　②（　　）　　③（　　）　　④（　　）

五 > 典型题材2 & 4.5

1番 まず話を聞いてください。それから、質問と選択肢を聞いて、①から④の中から、最もよいものを一つ選んでください。

1−1

① あした

② みんな

③ 青空

④ 森の小屋

1-2

① あした

② みんな

③ 青空

④ 森の小屋

听解小贴士

关键语句

劇場みたいな大きな空間で思い切り声出せるなんてめったにないことだからそれがいい。/（因为）在像剧场这么大的空间里尽情唱歌（的机会）十分难得，所以我选这个。

僕は自分がストーリーの決定に参加できるなんて思ってもみなかったから、やっぱりそれ見に行きたいな。/我从来没想过自己居然能参与决定剧情的发展，所以我还是想去那个看看。

听解策略

❶ 记录背景说明中四个事物的特征。

❷ 重点听男女对话中各自的意愿和选择，与❶中的四个事物进行匹配。

❸ 记录时只记录关键词即可。

正确答案

1-1 选项③

1-2 选项①

2番 もう一回聞いて、録音の内容と合っているものに○、合っていないものに×をつけてください。

①（　）　②（　）　③（　）

六 > 重要表达方式 & 4.6

1. 本章の重要表現

録音を聞きながらシャドーイングの練習を繰り返してください。

❶ できればご一緒させていただきたいのですが、ただ主人のほうはどうも気が進まないようで…/如果可以的话，我很想和您一起去，但是我丈夫（对这个）好像不太感兴趣……

❷ 事件の犯人は劇中では明かされず観客が推理をしてスマホで回答するんですが、後日その回答結果とともに、真実がメールで配信されます。/剧中不公布案件的犯人，观众自行推理并用手机回答（犯人是谁），日后（剧团）通过短信向观众发送事实真相和答案。

❸ 日常生活や仕事でも同じことが言えるんではないでしょうか。すこし気分転換をしてから次の行動に移れば、このようなことは避けられると思います。焦りや過度の緊張を持続しないことがポイントになるのでしょう。/日常生活和工作也是一样，我觉得稍微转变一下心情，再采取下一个行动，就能避免这种事情的发生。关键是不要（让自己）持续焦虑和过度紧张。

❹ 今はなかなか見るチャンスがない蒸気機関車ですが、煙を吐きながら力強く走る姿が大変人気です。/（可以乘坐）如今难得一见的蒸汽火车，大家都很喜欢它一边冒着烟一边强有力地飞驰的样子。

❺ 最近は友人がテニスを始めて、汗を流して、体にもいいし、ストレス解消にもなるからってすすめられたんですけど、私にはちょっと…/最近我朋友开始打网球，说流汗对身体好，还能消除疲劳，所以也推荐我打，可是对我来说（不太有效）。

❻ 演技力に関しては、文句なく認めるけど、でも、そうか、原作知らないと役のイメージに合ってるって思うんだね。/关于（她的）演技，（我）没有任何异议。不过也是，如果没看过原著就会觉得（她和电影里的）角色形象很匹配。

❼ ある美術館で出会った二人が誤解とすれ違いを繰り返しながら、やがで同じ道を歩んでゆく物語です。/故事的内容是：在美术馆相遇的两个人经历了各种误会和分歧后，最终走到了一起。

2. 自分にとっての重要表現

本章のトピックで勉強したものに、まだ分からないところがあれば、ここに書き留めて、友人や先生に教えてもらったり、辞書などで調べたりしてください。

七 › 原汁原味&配音挑战 4.7

本章で習ったトピックは、日本人の実際の生活では、どのように現れているのか。テレビドラマのワンシーンを通して見てみましょう。

1. 次の質問を考えながら、スキットを見てください。

① フットサルのルールは何ですか。

② 失敗した後チームの皆さんは何と言って慰めましたか。

2. もう一度スキットを見て、女の人のセリフを書きましょう。

3. もう一つのワンシーンを見てください。アフレコにチャレンジしましょう。

八 > 活学活用 & 4.8

タスク1

観光コースについて紹介しましょう。まず、次の文章を読んで、（　　　）のところを考えて、埋めてみてください。

今日は杉村町で今人気の観光コースを四つご紹介します。コース1は、ヨットで湖を一周します。ヨットに乗って、湖から杉村町の雄大な（①　　　）をゆったり楽しむことができます。コース2は杉村町のシンボルとして親しまれている登山電車で、文字通り山の（②　　　）を登ります。来週から、ちょうど山の紅葉が（③　　　）くなりますから、おすすめです。コース3は、ロープウェーで山を越えて棚田へ降りていきます。杉村町の谷の間を登り、山の（④　　　）を超えると、目の前に突然棚田の景色が広がります。コース4は、蒸気で走る汽車で、杉村町と隣町の間を（⑤　　　）ツアーです。今はなかなか見るチャンスがない蒸気機関車ですが、煙を吐きながら力強く走る姿が大変人気です。

タスク2　ロールプレー

あなたの一番好きな映画は何ですか。その映画に引かれた理由は必ずあるでしょう。以下の内容を参考しながら、友達やクラスメートと自分の好きな映画をシェアしましょう。

★ストーリーに心を打たれ、癒される
★一風変わったビジュアルに感動させられる
★世の中の温かさを悟って、涙をこぼす
★時代の変遷をしみじみ感じる
★主人公の緻密でリアルな演出

九 › 综合练习 4.9

タスク1

まず聞いて選んでください。それから質問に答えてください。

1番 ラジオで女のアナウンサーと社長が話しています。

1-1 録音を聞いて、最もよいものを一つ選んでください。

① 友達とバスケットボールをする

② テニスをして汗を流す

③ 妻と歩く

④ 家族と旅行に行く

1-2 もう一回聞いて、質問に答えてください。

① 社長は若い頃どうやってストレスを解消していましたか。

② 社長の友人は最近どうやってストレスを解消していますか。

③ 社長は家族と旅行に行った時、旅行先で何を楽しんでいますか。

2番 ラジオで男の人が話しています。

2-1 録音を聞いて、最もよいものを一つ選んでください。

①　　②　　③　　④

2-2 もう一回聞いて、質問に答えてください。

① テニスの初心者の多くは失敗するとどうしますか。その結果はどうですか。

② 初心者が同じミスを繰り返す原因は何ですか。

③ 同じような失敗を繰り返したら、どうすればいいですか。

3番 映画を見ながら、男の人と女の人が話しています。

3-1 録音を聞いて、最もよいものを一つ選んでください。

① 役のイメージに合っていて、演技も上手だ

② 役のイメージに合っているが、演技が下手だ

③ 役のイメージに合っていないが、演技が上手だ

④ 役のイメージに合っていなくて、演技も下手だ

3–2 **もう一回聞いて、質問に答えてください。**

① この映画の原作は何ですか。

② 女の人は原作の主人公と映画の主人公とどこが違うと思っていますか。

③ 男の人は主人公を演じている女優について、何と言っていますか。

4番 男の人がフィットネスクラブに電話をしています。

4–1 **録音を聞いて、最もよいものを一つ選んでください。**

① 入会申込書

② 写真

③ パスポート

④ 入会金

4–2 **もう一回聞いて、質問に答えてください。**

① 男の人は何をしたいですか。

② 男の人は身分を証明するのに何を持っていきますか。

③ 会員の紹介がない場合、何を持って行かなければなりませんか。

5番 テレビを見ながら、女の人と男の人が話しています。

5–1 **録音を聞いて、最もよいものを一つ選んでください。**

①　　　②　　　③　　　④

5–2 **もう一回聞いて、質問に答えてください。**

① アナウンサーが一番すすめているのはどの映画ですか。

② 恋愛映画はどれですか。

③ 怖い映画はどれですか。

④ 二人は来週どの映画を見ますか。

タスク2　ディスカッション

ストレスとは外的環境の変化やプレッシャーなどの力が加わったことで起こるダメージのことです。日常生活にはさまざまなストレスがありますが、1日の3分の1の時間を費やしている仕事や勉強はストレスを引き起こしやすい環境の一つと言えるでしょう。ストレスがたまると、よく眠れない、頭が回らない、肩凝りや頭痛が気になる症状が現れます。そんな時は、脳を休ませて、ストレスを解消しましょう。

解消方法はいろいろあります。例えば：

1. 心地よいと五感で感じることを楽しむ。
2. 映画鑑賞や読書で泣いたり笑ったりする。
3. スポーツジムに行く。
4. 創作・作業に没頭する。
5. 日光浴をする。

……

あなたはどんな時にストレスを感じますか。どうやってストレスを解消していますか。以上の内容を参考しながら、自分の考えをまとめてグループで友達とディスカッションしてください。オンライン授業の「討論区」でもご意見を発表し、多くの人とシェアしましょう。

第五章 汇报和演讲

一 > 导言 5.1

動画を見てください。それから、聞く能力と話す能力における目標を下記の表に記入しておいてください。

我们经常会遇到做汇报或演讲的情况，如职场中的企划方案说明会或产品推介会，生活中的婚礼致辞、成功人士的公众演说或主题演讲等。不论是生活、学习还是工作，人们都需要具备一定的演说能力。本章主要包括新产品介绍、演讲技巧说明、展示性汇报、婚礼致辞等方面的内容。汇报或演讲的内容不同，方式和重点也会有区别。通过本章的练习，我们要掌握做产品介绍时的固定表达方式和技巧，同时要了解演讲和致辞的内容构成及注意事项。我们不仅要能够听得懂一般性演说的内容，而且要能够在学习或工作中灵活运用。

本章的“听”“说”目标（“Can-do”自我评价表）：

	Can-do（聞く）	Can-do（話す）
1		
2		
3		
4		

二 › 听前热身 & 5.2

1. 次の文章を読んでください。それから録音を繰り返し聞いてください。

プレゼンテーションにおける基本的な話し方と態度

プレゼンテーションをする場合には、ただ、原稿をそのまま読んでも、内容はうまく伝わらない。プレゼンテーションにおける話し方のポイントには、次のようなものがある。

1) 原稿を読むのではなく、原稿を「話す」。はっきり、ゆっくり話す。

2) プロミネンスやポーズをつける。例えば、大事な言葉、キーワード、特別なものや場所の名前、人の名前、難しい言葉や専門用語、数字、外国語などの場合。

3) 意味のまとまり（チャンク）を意識する。

4) うまく言えない表現や発音が苦手な言葉をほかの表現や言葉に直して、伝わりやすくする。

また、プレゼンテーションをする時の態度も重要である。ポイントには、次のようなものがある。

1) まっすぐ立つ。

2) 手をポケットに入れたり、組んだりしない。

3) 視線を聞いている人々に向ける。

プレゼンテーションの際に、手の位置や動きは、大事なポイントである。手をポケットに入れたり、腕組みをしたり、あるいは後ろで組んだりすると、横柄な態度に見える。また、手を意味なく動かしすぎると、聞いている人の気が散ってしまう。緊張すると、聞いている人々になかなか目を向けられないが、なるべく、聞いている人々の左から右へ、そして、前から後ろへと、視線を動かすように、気をつけよう。

プレゼンテーションの種類によって、態度にも大きい違いがある。日本では、アカデミックプレゼンテーションや、目上の人の前で行うフォーマルなプレゼンテーションの場合、ラフすぎる服装や歩き回ったりするのは悪い印象を与えるので、気をつけなければならない。

2. 録音を聞きながら以下の（　　　　）を埋めてください。

プレゼンテーションにおける基本的な話し方と態度

プレゼンテーションをする場合には、ただ、原稿を（①　　　　　　　）、内容はうまく伝わらない。プレゼンテーションにおける話し方の（②　　　　　　）には、次のようなものがある。

1）原稿を読むのではなく、原稿を「話す」。はっきり、ゆっくり話す。

2）プロミネンスや（③　　　　　　）。例えば、大事な言葉、キーワード、特別なものや場所の名前、人の名前、難しい言葉や専門用語、数字、外国語などの場合。

3）意味のまとまり（チャンク）を意識する。

4）うまく言えない表現や（④　　　　　　）をほかの表現や言葉に直して、伝わりやすくする。

また、プレゼンテーションをする時の（⑤　　　　　　）である。ポイントには、次のようなものがある。

1）まっすぐ立つ。

2）手をポケットに入れたり、組んだりしない。

3）視線を聞いている人々に向ける。

プレゼンテーションの際に、手の（⑥　　　　　　）は、大事なポイントである。手をポケットに入れたり、腕組みをしたり、あるいは後ろで組んだりすると、横柄な態度に見える。また、手を意味なく動かしすぎると、聞いている人の（⑦　　　　　　）。緊張すると、聞いている人々になかなか目を向けられないが、なるべく、聞いている人々の左から右へ、そして、前から後ろへと、（⑧　　　　　　）ように、気をつけよう。

プレゼンテーションの種類によって、態度にも大きい違いがある。日本では、アカデミックプレゼンテーションや、目上の人の前で行う（⑨　　　　　　）プレゼンテーションの場合、ラフすぎる服装や（⑩　　　　　　）するのは悪い印象を与えるので、気をつけなければならない。

3. 次の質問に答えてください。

① プレゼンテーションの話し方のポイントを簡単に説明してください。

② プレゼンテーションの時、どのような手の動きが人に悪い印象を与えますか。

③ プレゼンテーションをする時に、視線をどのようにすればいいですか。

三 › 小试牛刀 & 5.3

録音を聞いて、最もよいものを一つ選んでください。

1番

1−1 この新しい薬は何の薬ですか。

① 風邪薬

② 胃薬

1−2 前の薬は一日に何回飲みましたか。

① 3回

② 2回

1−3 新しい薬は一日に何回飲みますか。

① 1回

② 3回

1−4 新しい薬と前の薬とは何が同じですか。

① 飲む時間

② 飲み方

2番

2−1 今回のスピーチは英語の文法と発音はどうでしたか。

① よかった

② よくなかった

2−2 スピーチの内容はどうでしたか。

① よく選ばれていた

② あまり豊かではなかった

2-3 スピーチの時間はどうでしたか。

① ちょっと長すぎだった

② 長すぎたり、短すぎたりだった

2-4 女の人はスピーチをする時、何に注意したほうがいいと思っていますか。

① 緊張しないほうがいい

② スピーチの長さに気を付けたほうがいい

四 > 典型题材1 & 5.4

二人の会話を聞きます。聞く前に選択肢を読んで意味を確認して、予測してみてください。どんな場面でどういう関係の人たちが何について話しているのか想像してみましょう。

1番 録音を聞いて、最もよいものを一つ選んでください。

① 途中でも質問を受けること

② 説明の流れを変えないこと

③ 写真や図を使用すること

④ 前もって印刷資料を配ること

听解小贴士

关键语句

いろいろあると思うけど、やっぱり説明の途中でも質問があったら、してもらって、その場で答えていくことがとにかく大切だね。/虽然有很多要点，但(我认为)在展示说明的过程中，如果有人提出疑问，当场为其解答才是最重要的。

听解策略

❶ 观点类题目需要重点关注选项中非常规思维的内容。

❷ 根据内容判断说话者的主观态度是肯定还是否定，打破自己的固定思维很重要。

❸ 掌握表示建议、主张、强调重点的表达方式，如「やっぱり」「～が大切だ」「～がポイントだ」等。

正确答案

选项①

2番 もう一回聞いて、録音の内容と合っているものに○、合っていないものに×をつけてください。

①（　　）　②（　　）　③（　　）　④（　　）

五 > 典型题材2 & 5.5

1番 まず話を聞いてください。それから、質問と選択肢を聞いて、①から④の中から、最もよいものを一つ選んでください。

①　②　③　④

听解小贴士

关键语句

このたび、特殊なマイクロファイバーを使い、汗をそくざに蒸発させる新しいテニスウェアの開発に成功いたしました。/这次我们使用了特殊的超细纤维，成功研发出一种能让汗水即刻挥发的新型网球运动服。

听解策略

❶ 熟悉介绍新产品类题目的常见内容，如总结旧产品的特征、介绍新产品的优势等。

❷ 理解相同意思的内容的不同表达方式。

❸ 比较长的外来语生词一般不是重点，略听即可。

正确答案

选项②

2番 もう一回聞いて、録音の内容と合っているものに○、合っていないものに×をつけてください。

①（　　）　②（　　）　③（　　）　④（　　）

六 > 重要表达方式 & 5.6

1. 本章の重要表現

録音を聞きながらシャドーイングの練習を繰り返してください。

❶ 今までのゴールドワンは、一日に2回飲まなければなりませんでしたが、この新ゴールドワンは夜一回飲むだけで、一日中効果が続きます。/以往的黄金一号每天要服用两次，而新的黄金一号只需每晚吃一次，效果就能持续一整天。

❷ これまで同様、水なしで飲めます。/与以前一样，（此药）不需用水服用。

❸ 説明の途中でも質問があったら、してもらって、その場で答えていくことがとにかく大切だね。/在展示说明的过程中如果有人提出疑问，当场为其解答才是最重要的。

❹ わが社のテニスウェアは従来から水分吸収力、吸収した水分をすばやく乾かす速乾性、体の動きを妨げない伸縮性の高さ、肌触りのよさで市場のシェアを広げてきました。/本公司的网球运动服一直以来凭借其吸水性、速干性、利于身体活动的优质弹性、良好的触感在不断扩大市场份额。

❺ 生地の伸縮性につきましては、さらなる品質の向上を目指して引き続き研究開発を推進したいと思っております。/关于面料的弹性，我们将以追求更高品质为目标，继续开展研发项目。

❻ これまでのものより値段はやや高めですが、赤ちゃんがいるご家庭にもぜひ使っていただきたい商品です。/这款产品比以往价格稍高一些，但特别推荐有宝宝的家庭使用。

❼ お二人は職場の同僚として出会い、出身大学が同じということがきっかけで、話があって、急速に距離をちぢめられたそうです。/两位新人相遇于职场，毕业于同一所大学成为他们交往的契机，并通过交流迅速缩短了彼此的距离。

❽ 来年度の新たな計画としましては、スマートフォンの製造に向けて国内に4か所工場を新設し、アジア地域を中心に海外販売を展開していく予定です。/下一年度的新计划是向智能手机制造方向发展，计划在国内新建4个工厂，并以亚洲为中心开展海外销售业务。

❾ ほかの人に何かを伝えたいと思ったら、常に聞き手の様子に気づきながら、体を使って話すことが大切です。/要向他人传达自己的想法，重要的是时刻观察对方，并运用肢体语言进行表达。

❿ 普段私たちが誰かの話を聞く時は、相手が話したことの意味を理解することに集中しますが、単語や文法から意味を見いだせない彼女にしてみれば、話す声こそが唯一の情報源なのです。/通常我们听某人讲话时会把注意力全放在理解对方说话的意思上，但对于她来说，无法通过单词和语法理解意思，说话声音就成了唯一的信息来源。

2. 自分にとっての重要表現

本章のトピックで勉強したものに、まだ分からないところがあれば、ここに書き留めて、友人や先生に教えてもらったり、辞書などで調べたりしてください。

七 › 原汁原味&配音挑战 5.7

本章で習ったトピックは、日本人の実際の生活では、どのように現れているのか。テレビドラマのワンシーンを通して見てみましょう。

1. 次の質問を考えながら、スキットを見てください。

① これはどんな人が何のためにしているスピーチだと思いますか。

② 男の人は「そして何より」の後に言った一番大切なことは何ですか。

2. もう一度スキットを見て、男の人のセリフを書きましょう。

3. もう一つドラマのワンシーンを見てください。結婚式で新郎新婦の友人がお祝いのスピーチをする場面です。男の人のセリフをまねて、アフレコにチャレンジしましょう。

八 > 活学活用 & 5.8

タスク 1

新商品の充電式電池について紹介しましょう。まず、次の文章を読んで、（　　　　）のところを考えて、埋めてみてください。

この電池は、（①　　　　　　）の使い捨ての電池と違い、充電して何回も（②　　　　　　）ことができます。充電式は高いとお考えですか。そんなことはありません。実は、この電池は2,000回繰り返し使えるので、一回あたりで考えると、（③　　　　　　）1円程度です。しかも、充電の際にかかる電気代は1回たった0.5円です。また、この電池は（④　　　　　　）ため、ゴミの量も減らせます。つまり、経済面から見ても環境面から見ても（⑤　　　　　　）、一石二鳥の電池というわけです。

タスク2　ロールプレー

大学時代の友人の結婚式でスピーチをすることになりました。以下のスピーチの流れを参考にしながら、スピーチをしてみてください。

結婚式のスピーチの基本（友人のスピーチ）

1. ○○君、○○さん、ご結婚おめでとうございます。
2. 私は、新郎（新婦）○○さんの友人で○○○○（フルネーム）と申します。
3. 新郎（新婦）と私は大学時代からの友人です。
4. 新郎（新婦）の人柄、性格などの美点を話す。エピソードを語る。
5. 励ましの言葉、はなむけの言葉で結ぶ。

結ぶ言葉：

- どうか、末永くお幸せに。
- 最後に、もう一度言わせてください。おめでとう！
- いつまでも、いつまでもお幸せに。心よりお祈りいたします。
- 本日は、ほんとうにおめでとうございます。
- どうか、末永く幸せな家庭を築いていってください。
- 本日はお招きをいただきありがとうございました。

九 › 综合练习 5.9

タスク1

まず聞いて選んでください。それから質問に答えてください。

1番　電気屋の店員が新しい掃除機について説明しています。

1–1　録音を聞いて、最もよいものを一つ選んでください。

①　②　③　④

1–2　もう一回聞いて、質問に答えてください。

① どうしてこの商品は寝ている子どもの邪魔になりませんか。

② この商品の一番素晴らしい点は何ですか。

③ この商品の値段はどうですか。

(2番) 女の人が友達の結婚式でスピーチをしています。

2−1 録音を聞いて、最もよいものを一つ選んでください。

① 小学校に通っていた時

② 高校に通っていた時

③ 大学に通っていた時

④ 会社の同僚になった時

2−2 もう一回聞いて、質問に答えてください。

① 新郎新婦は何をきっかけに、話を始めましたか。

② 新郎新婦は幼稚園から大学までずっと同じ学校にいましたか。

③ 二人が同じ高校だったことはいつ分かりましたか。

(3番) テレビで社長が自分の会社について話しています。

3−1 録音を聞いて、最もよいものを一つ選んでください。

① パソコンを国内で生産して海外で売ること

② パソコンを海外で生産して国内で売ること

③ スマートフォンを国内で生産して海外で売ること

④ スマートフォンを海外で生産して国内で売ること

3−2 もう一回聞いて、質問に答えてください。

① この会社は昔からどんな製品を作ってきましたか。

② 最近はこの会社のどんな製品が海外でも有名になりましたか。

③ 来年はこの会社にとってどんな一年になりますか。どうしてですか。

(4番) 講演会で男の人が話しています。

4−1 録音を聞いて、最もよいものを一つ選んでください。

① ② ③ ④

4−2 もう一回聞いて、質問に答えてください。

① 授業に興味を持たない理由は何だと言っていますか。

② メモを読むような発表を聞いたら、聞き手はどうなりますか。

③ ほかの人に何かを伝えたい時に、何が大切ですか。

5番 講演会で女の人が話しています。

5−1 録音を聞いて、最もよいものを一つ選んでください。

① ② ③ ④

5−2 もう一回聞いて、質問に答えてください。

① 女の人は知人がどんな人をひいきにしていたと言っていますか。

② 普段、私たちは誰かの話を聞く時に、何に集中しますか。

③ 言葉が分からない彼女はどうやって話し手のフランス人のことを判断しましたか。

タスク2 ディスカッション

皆さんはSNSについて聞いたことがありますか。SNSとは、「Social Networking Service」の略で、インターネットを介して人間関係が構築できるスマホ・パソコン用のサービスの総称です。SNSを利用するメリットとデメリットについて、次のような考えがあります。

メリット：

繋がりが生まれやすい。無料で使える。流行を追いかけやすい。自己/企業アピールの場として最適…

デメリット：

個人情報が漏れる場合がある。不用意な発言で炎上する恐れがある。アカウントの乗っ取りなどの被害にあう…

中国のSNSにはあなたはよく利用していたものは何ですか。理由は何ですか。そして、SNSで自分の主張を発信する時、何に気を付けなければならないと思いますか。自分の考えをまとめてグループで友達とディスカッションしてください。オンライン授業の「討論区」でもご意見を発表し、多くの人とシェアしましょう。

第六章 行业达人

一 > 导言 6.1

動画を見てください。それから、聞く能力と話す能力における目標を下記の表に記入しておいてください。

“达人”一词早在我国古代的《左传》中就已出现。现代汉语中，“达人”的意思与日语「達人」的词义相同，指的是在学术、艺术、技术等方面非常精通的人。行业达人则是指在某个行业有突出成就的人。本章的主要内容包括教育、体育、演艺等多个行业的达人的经历，对从事某个行业的人进行访谈或对话等，以对话或独白的形式进行听说练习。由于涉及到的行业多种多样，因此内容也各不相同，这就需要我们多听材料、多找感觉。通过本章的练习，我们要能够听懂行业达人的工作内容、工作特点、从业理由、工作技巧、个人感悟等内容，能够表达将来想从事的行业的基本信息，能够对自己的从业理由、工作的意义等进行简单的说明。

本章的“听”“说”目标（“Can-do”自我评价表）：

	Can-do（聞く）	Can-do（話す）
1		
2		
3		

二 › 听前热身 & 6.2

1. 次の文章を読んでください。それから録音を繰り返し聞いてください。

豆腐が生き方を教えてくれた

豆腐職人山下は、自宅と百貨店で豆腐を売る、創業140年以上の小さな豆腐店の5代目だ。山下が作る、にがりを使った絹ごし豆腐は、豆の風味を強く感じる味わいに、箸でギリギリつかめる柔らかさ。口に入れるとほろほろ崩れて一気に味が広がり、同業者も驚嘆の声を上げる。

「単純なものは、ごまかしが効かない、単純極まりないものを、おいしい味とほどよい食感にすることは、実は難しく、それこそが面白いところだ」と山下は言う。

今では豆腐作りを生きがいという山下だが、その道に踏み出した当初は、嫌でしかたがなかった。冷たい水を使ったハードな仕事が嫌いだった上、小さな町の豆腐店が時代遅れだとされる風潮を感じ、家業から遠ざかろうと必死に勉強した。名門早稲田大学に入学し、大手企業に内定も得たが、卒業間際に、老舗を絶やしてしまうことにためらいを感じ、家業を継いだ。

しかし、来る日も来る日も機械的に豆腐を作る単調な毎日。当時は珍しくなっていたにがりを使った絹ごし豆腐を作る機会があった。できた豆腐はドロドロだったが、山下はその味に可能性を感じ、毎日のように試作にのめりこむようになった。単純だと思っていた豆腐作りは、実は難しい。次第に、その難しさこそが面白いと感じるようになった山下。嫌いだったはずの豆腐作りが、生きる喜びを味わわせてくれていることに気付いた。

厳しい時代の中、ただひたすら豆と向き合い、うまい豆腐を作り続ける人生を歩み続けている。山下は、父が亡くなる間際に遺した言葉を胸に刻んでいる。「小さくてもいいから、地味でもいいから、コツコツやっていけ。」

2. 録音を聞きながら以下の（　　　　　　）を埋めてください。

豆腐が生き方を教えてくれた

豆腐職人山下は、自宅と百貨店で豆腐を売る、（①　　　　　　　　）140年以上の小さな豆腐店の5代目だ。山下が作る、にがりを使った絹ごし豆腐は、豆の風味を強く感じる味わいに、箸でギリギリつかめる柔らかさ。口に入れるとほろほろ崩れて一気に味が広がり、同業者も（②　　　　　　　　）を上げる。

「単純なものは、（③　　　　　　　　）、単純極まりないものを、おいしい味とほどよい食感にすることは、実は難しく、それこそが面白いところだ」と山下は言う。

今では豆腐作りを生きがいという山下だが、その道に踏み出した当初は、嫌でしかたがなかった。冷たい水を使ったハードな仕事が嫌いだった上、小さな町の豆腐店が（④　　　　　　　　）だとされる（⑤　　　　　　　　）を感じ、家業から遠ざかろうと必死に勉強した。（⑥　　　　　　　　）早稲田大学に入学し、大手企業に内定も得たが、卒業間際に、老舗を絶やしてしまうことにためらいを感じ、（⑦　　　　　　　　）。

しかし、来る日も来る日も機械的に豆腐を作る単調な毎日。当時は珍しくなっていたにがりを使った絹ごし豆腐を作る機会があった。できた豆腐は（⑧　　　　　　　　）だったが、山下はその味に可能性を感じ、毎日のように（⑨　　　　　　　　）ようになった。単純だと思っていた豆腐作りは、実は難しい。次第に、その難しさこそが面白いと感じるようになった山下。嫌いだったはずの豆腐作りが、生きる喜びを味わわせてくれていることに気付いた。

厳しい時代の中、ただひたすら豆と向き合い、うまい豆腐を作り続ける人生を歩み続けている。山下は、父が亡くなる間際に遺した言葉を（⑩　　　　　　　　）。「小さくてもいいから、地味でもいいから、コツコツやっていけ。」

3. 次の質問に答えてください。

① 山下さんは、大学を卒業する前に、どうして豆腐作りの家業を継ぎたくないと思っていたのですか。

② 山下さんは大学を卒業した後、どうして豆腐作りの道に踏み出したのですか。

③ 山下のお父さんが亡くなった時、何と言いましたか。

三 › 小试牛刀 & 6.3

会話を聞いて、最もよいものを一つ選んでください。

1番

1−1 山口さんのお父さんの仕事は何ですか。

① 映画監督

② 俳優

1−2 山口さんは誰の影響で今の仕事を目指しましたか。

① 父親

② 俳優仲間

1−3 山口さんは子どもの頃から何の経験をしていましたか。

① テレビや映画に出演していた

② 俳優仲間と一緒に映画を作っていた

1−4 二人は何について話していますか。

① 俳優の仕事の面白さ

② 監督になったきっかけ

2番

2−1 試合が始まったら、何が大事ですか。

① 監督の指導

② 選手自身の判断

2−2 チームリングは試合でどうなりましたか。

① 途中から足が止まった

② 最後まで頑張ってきた

2−3 チームブレーが勝った理由は何ですか。

① 技術的に優れた選手が多かったから

② 選手の体力が落ちなかったから

2–4 会話の内容と合っているものはどれですか。

① チームリングは楽に勝った

② チームブレーの監督は盛んに指示を出した

四 > 典型题材1 & 6.4

二人の会話を聞きます。聞く前に選択肢を読んで意味を確認して、予測してみてください。どんな場面でどういう関係の人たちが何について話しているのか想像してみましょう。

1番 録音を聞いて、最もよいものを一つ選んでください。

① 父が画家だったこと

② 旅先である陶芸を見たこと

③ 母に強くすすめられたこと

④ 作品を作る喜びを知ったこと

听解小贴士

关键语句

初めて一人で中国を旅行した時、ある美術館で一つの陶器を見て、その瞬間強く感動して。で、結局この道を選んでしまいました。/第一次一个人在中国旅行时，(我)在一家美术馆里欣赏了一件陶艺作品，那一瞬间我被它深深地打动了。因此，(我)后来选择了走上(陶艺)这条路。

听解策略

❶ 听题前先读四个选项，再预测听力材料的内容。明确听到的题目后，带着题目听对话。

❷ 注意说话人的语气、态度。运用排除法，逐个确认选项。

❸ 掌握表示原因、结果的表达方式，比如「で」，从而锁定关键语句。

正确答案

选项②

2番 もう一回聞いて、録音の内容と合っているものに○、合っていないものに×をつけてください。

①(　　)　　②(　　)　　③(　　)　　④(　　)

五 › 典型题材2 & 6.5

1番 まず話を聞いてください。それから、質問と選択肢を聞いて、①から④の中から、最もよいものを一つ選んでください。

①　　②　　③　　④

听解小贴士

关键语句

それは創造的なものではない場合に限ります。/这仅限于非创造性的工作。

発想を形にするには何度も壁にぶつかって、失敗してはやり直す。/(创造性的工作要)把想象付诸实践，数次碰壁，失败了就再次尝试。

そのプロセスが栄養となり、アイディアを発展させるのです。/(不断失败和重来的)过程会成为(创意的)养分，不断拓展(你的)思路。

听解策略

❶ 注意句子末尾的表达方式，以判断出观点的持有者。

❷ 根据上下文的逻辑关系，逐句理解，推断说话人的观点。

❸ 关注表示转折的关键词，例如「ただし」「～が」，这类词之后表达的通常是说话人的观点。

正确答案

选项④

2番 もう一回聞いて、録音の内容と合っているものに○、合っていないものに×をつけてください。

①(　　)　　②(　　)　　③(　　)　　④(　　)

六 > 重要表达方式 & 6.6

1. 本章の重要表現

録音を聞きながらシャドーイングの練習を繰り返してください。

❶ お父様も映画監督でいらっしゃいますが、やはり、その影響で映画監督を目指されたのでしょうか。/您的父亲也是一位电影导演，那么，您是受到了父亲的影响从而走上导演之路的吗?

❷ 試合が始まったら、選手自身の判断が大事なんです。/比赛开始以后，就要看选手们自己的判断了。

❸ 自分の手でものを作り出す喜びは何ものにも代えられませんね。/亲手做出作品的那种喜悦是任何东西都无法替代的。

❹ 一人一人の選手が役割を認識して、試合を重ねるごとに、チームワークが高まっていきました。/每一位队员都认识到自己的角色，在比赛的过程中，团队的凝聚力不断增强。

❺ 父は忙しくてあまり家にいなかったので、僕にはなんか遠い存在で、最も父は、僕が父に憧れてこの世界に入ったと思ってるようです。/小时候父亲一直很忙，很少在家，所以我觉得与父亲之间有些疏离。然而父亲一直认为我之所以进入演艺行业，是因为向往成为像他一样的人。

❻ 最近、やっと希望に合う花束を作ることができて、「ありがとう」と言っていただけることが増えてきました。/最近，我终于能够制作出顾客想要的花束了，顾客们对我的感谢之声也越来越多了。

❼ 今回、チームのキャプテンに選ばれたんですが、それは決してサッカーが一番うまいからではないと思っています。/虽然这次我被选为队长，但我认为一定不是因为我足球技术最好。

❽ 私は20年ほど日本の家族の食生活について調査を行ってきているんですが、調査を正確に行い、成功させるためには、次のポイントがあります。/我对日本家庭的饮食生活进行了约20年的调查，我认为准确调查、成功研究的关键在于以下几点。

❾ その後、酸味は収穫時期で差が出ることが分かって、酸味を調整しておいしいいちごが提供できるようになったんですけどね。/后来，我们发现不同采摘时期(的草莓)，酸味也不同，于是(我们)调整了酸度，从而能提供口感好的草莓了。

❿ いろいろ試してみたんですが、麺の太さがあるので、茹で上がる時間が一緒にはならないんです。/(我)尝试了很多次，但由于是宽面，很难(和蔬菜)同时煮熟。

2. 自分にとっての重要表現

本章のトピックで勉強したものに、まだ分からないところがあれば、ここに書き留めて、友人や先生に教えてもらったり、辞書などで調べたりしてください。

七 › 原汁原味&配音挑战 6.7

本章で習ったトピックは、日本人の実際の生活では、どのように現れているのか。テレビドラマのワンシーンを通して見てみましょう。

1. 次の質問を考えながら、スキットを見てください。

① 男の人はどうして産業中央銀行に入りたいと言っていましたか。

② 面接の結果はどうやって知らせますか。

2. もう一度スキットを見て、男の人のセリフを書きましょう。

3. もう一つドラマのワンシーンを見てください。先生と学生の話です。先生のセリフをまねて、アフレコにチャレンジしましょう。

八 › 活学活用 & 6.8

タスク1

大学野球の大会で、監督が話しています。まず、次の文章を読んで、(　　　　)のところを考えて、埋めてみてください。

今大会、選手たちが本当によく頑張ってくれました。キャプテンの(①　　　　)で一時はどうなることかと心配しましたが、それを補うべく、チームが一つになって戦えたことがこの結果につながったと思います。うちはいわゆるスター選手と言われる逸材は不在でしたが、それでかえって、一人一人の選手が役割を認識して、試合を重ねるごとに、(②　　　　)が高まっていきました。監督としては、(③　　　　)が浅く、(④　　　　)がうまく行かなかったこともありましたが、みんなよくついてきてくれました。(⑤　　　　)できて本当によかったです。皆さん、応援ありがとうございました。

タスク2　ロールプレー

アナウンサーが俳優にインタビューをしています。俳優になったきっかけについて、次のような理由が挙げられています。それを参考に二人で会話を作って理由などを聞いてください。

＊ 父親が有名な俳優で、父に憧れて映画の世界に入った。

＊ 学生の頃から映画が好きな友人がいて、（映画を見に）よく連れて行ってくれた。

＊ 見た映画の一つに存在感がある俳優が出た。

＊ 街でたまたま芸能事務所の人に声をかけられた。

九 › 综合练习 6.9

タスク1

まず聞いて選んでください。それから質問に答えてください。

（1番）男の人がインタビューに答えています。

1−1　録音を聞いて、最もよいものを一つ選んでください。

① 小さい頃から花が好きだったから

② 多くのお客さんに会えるから

③ きれいな花にいつも囲まれているから

④ じっとしているのが好きではないから

1−2　もう一回聞いて、質問に答えてください。

① 男の人はお客さんからよくどんな相談を受けますか。

② 男の人はどうしてお客さんに「ありがとう」と言われるようになりましたか。

③ 仕事中ずっと立つのがかえってよかったというのはどうしてですか。

2番 テレビでサッカーの選手がインタビューに答えています。

2–1 **録音を聞いて、最もよいものを一つ選んでください。**

① ② ③ ④

2–2 **もう一回聞いて、質問に答えてください。**

① 男の人は監督に何と言われましたか。

② 男の人はキャプテンとしての役割は何だと言っていますか。

③ どうしてキャプテンは誰よりも頑張らなければなりませんか。

3番 テレビで専門家が話しています。

3–1 **録音を聞いて、最もよいものを一つ選んでください。**

① ② ③ ④

3–2 **もう一回聞いて、質問に答えてください。**

① 食生活についての調査を成功させるために、ポイントが二つありますが、何ですか。

② 協力者に食事の写真を撮ってもらう理由は何ですか。

③ どうして買い物のレシートが必要ですか。

4番 テレビでアナウンサーが農学部の教授に新しいいちごについてインタビューをしています。

4–1 **録音を聞いて、最もよいものを一つ選んでください。**

① いちごの酸味を改善する

② いちごの加工食品を考察する

③ いちごの色を調整する

④ いちごの栽培規模を広げる

4–2 **もう一回聞いて、質問に答えてください。**

① いちごの新しい品種の開発は何のきっかけで始まりましたか。

② 開発当初はいちごをそのまま食べることができましたか。どうしてですか。

③ どんな工夫をして、おいしいいちごができるようになりましたか。

5番 食品会社で女の人と課長が開発中の商品について話しています。

5－1 録音を聞いて、最もよいものを一つ選んでください。

① スープの味をもっと濃くする

② 野菜の量を増やす

③ 麺の太さを検討する

④ 流行に合わせて麺を太くする

5－2 もう一回聞いて、質問に答えてください。

① 課長は野菜ラーメンの味について何と言いましたか。

② インスタント野菜ラーメンの作り方は何ですか。

③ 課長は何のアドバイスをしましたか。

タスク2　ディスカッション

日本語検定1級に10回以上認定された実力者に「日本語の達人」の称号を贈る制度を、日本語検定委員会が新設しました。日本語検定の1級は、高度な日本語の知識と運用力が求められる日本人向けの試験です。認定者率10%前後の狭き門だそうで、表彰された人は「達人」の称号にふさわしい実力者といえるでしょう。設立の発端は、新型コロナウィルスへ対策のため、2020年6月の検定試験がやむなく中止となったこと。試験を待っている人々への励みになればと、この制度を始めたといいます。

日本語の達人を目指していますか。日本語の達人になるために、どうやって頑張らなければなりませんか。勉強法や失敗談などについて話してください。それから、将来日本語を生かしてどんな分野で活躍したいと思いますか。オンライン授業の「討論区」でもご意見を発表し、多くの人とシェアしましょう。

第七章 人与自然

一 › 导言 7.1

動画を見てください。それから、聞く能力と話す能力における目標を下記の表に記入しておいてください。

人与自然的内容包括天气、农林畜牧、环保等方面。其中天气和环保相关的话题中有很多固定的词汇和用法，而农林畜牧涉及的知识面比较广，需要我们储备一定量的相关词汇。本章着眼于天气与农业的关系、人们的农业活动、人类与动植物之间的关系等，力求提供人与自然相关内容的话题思路。通过本章的练习，我们要能够听懂与天气、农林畜牧等相关的对话或独白，并在实际参与类似的对话时，能够传达必要的信息。

本章的“听”“说”目标（“Can-do”自我评价表）：

	Can-do（聞く）	Can-do（話す）
1		
2		
3		

二 > 听前热身 & 7.2

1. 次の文章を読んでください。それから録音を繰り返し聞いてください。

カラスによる被害を防ぐには

札幌市には、市民の皆さんからカラスによる被害の報告が寄せられています。

ここでは、カラスによる被害を防ぐための対策についてご紹介します。

＊威嚇・攻撃行動に注意しましょう！

カラスは4～5月頃、公園の高木、街路樹、電柱などに巣を作り、巣に人を寄せ付けないように威嚇や攻撃をすることがあります。特にひなの巣立ちの時期（6～7月）に威嚇行動が激しくなります。

威嚇行動でも人が遠ざからない場合、後ろから飛んできて、頭をかすめたり、時には直接足で蹴るなどの攻撃をすることもあります。

○「カッカッ」と小刻みに激しく鳴くのは、威嚇行動なので、その場から遠ざかりましょう。

○ どうしても巣の近くを通らなければならない時は、帽子をかぶったり、傘をさしたりして被害を防ぐようにしましょう。

＊ゴミの出し方を工夫してみましょう！

ゴミステーション管理の徹底は、ゴミの散乱防止のほか、カラスの増加を抑えることにもつながります。

○ 生ゴミは水分を抜き、新聞紙などで梱包するなど、生ゴミが見えないようにしましょう。

○ 網目の細かいネットで全体を覆うようにかぶせるなど、ゴミを引っ張り出せないようにしましょう。

2. 録音を聞きながら以下の（　　　　　）を埋めてください。

カラスによる被害を防ぐには

札幌市には、市民の皆さんからカラスによる（①　　　　　）の報告が寄せられています。

ここでは、カラスによる被害を防ぐための対策についてご紹介します。

● 威嚇・攻撃行動に注意しましょう！

カラスは4～5月頃、公園の高木、街路樹、（②　　　　）などに巣を作り、巣に人を寄せ付けないように威嚇や攻撃をすることがあります。特にひなの巣立ちの時期（6～7月）に威嚇行動が激しくなります。

威嚇行動でも人が遠ざからない場合、後ろから飛んできて、頭をかすめたり、時には直接足で（③　　　　）などの攻撃をすることもあります。

○「カッカッ」と（④　　　　）に激しく鳴くのは、威嚇行動なので、その場から遠ざかりましょう。

○ どうしても巣の近くを通らなければならない時は、帽子をかぶったり、傘をさしたりして被害を防ぐようにしましょう。

● ゴミの出し方を工夫してみましょう！

ゴミステーション管理の徹底は、ゴミの（⑤　　　　）のほか、カラスの増加を（⑥　　　　）ことにもつながります。

○ 生ゴミは（⑦　　　　）、新聞紙などで梱包するなど、生ゴミが見えないようにしましょう。

○（⑧　　　　）の細かいネットで全体を覆うようにかぶせるなど、ゴミを引っ張り出せないようにしましょう。

3. 次の質問に答えてください。

① カラスによる被害を防ぐにはどうすればいいですか。

② どうしてもカラスの巣の近くを通らなければならない時はどうすればいいですか。

③ ゴミをどのように出したらいいですか。

三 › 小试牛刀 & 7.3

録音を聞いて、最もよいものを一つ選んでください。

(1番)

1-1 今年の収穫はどうですか。

① 去年よりかなりいい

② 去年と大体同じだ

③ 去年よりだいぶ悪い

④ ほとんど取れない

1-2 何について話していますか。

① 果物の収穫

② 食糧の収穫

1-3 今年の春の天気はどうでしたか。

① 雨が少なく、気温が高かった

② 雨が少なく、気温が低かった

③ 雨が多く、気温が高かった

④ 雨が多く、気温が低かった

1-4 農家の人たちは今どんな様子ですか。

① 心配している様子

② 安心している様子

(2番)

2-1 鳥のどんなことについて話していますか。

① 寝場所について

② 風が強い日の過ごし方について

③ 外の敵からの身の守り方について

④ 風に当たらない場所について

2-2 録音の内容と合っているものを一つ選んでください。

① 目に付きやすいところが逃げやすいので、好適な場所です。

② 鳥たちは敵から身を守るために目立たない場所を選んでいます。

③ 寒い風なら大丈夫ですが、強い風は直接当たらないようなところがいいです。

四 > 典型题材1 & 7.4

二人の会話を聞きます。聞く前に選択肢を読んで意味を確認して、予測してみてください。どんな場面でどういう関係の人たちが何について話しているのか想像してみましょう。

1番 録音を聞いて、最もよいものを一つ選んでください。

① 植物を大きいはちに植え替える

② 植物に栄養を与える

③ 植物に水をたっぷりやる

④ 植物を置く場所を変える

听解小贴士

关键语句

植え替えはおすすめしてるんですが、花を咲かせるのには、栄養もたっぷり与えないといけないんです。/虽然（我）建议您换盆，但是想让植物开花，还必须施肥才行。

听解策略

❶ 听题前先读四个选项，再预测听力材料的内容。

❷ 注意句中的接续助词「が」「けど」等，通常这些词后出现的信息更重要。

❸ 排除干扰信息。

正确答案

选项②

2番 もう一回聞いて、録音の内容と合っているものに○、合っていないものに×をつけてください。

①（　）　②（　）　③（　）　④（　）

五 > 典型题材2 & 7.5

1番 まず話を聞いてください。それから、質問と選択肢を聞いて、①から④の中から、最もよいものを一つ選んでください。

①　②　③　④

听解小贴士

关键语句

飼っている人はもちろん、これから飼おうとしている人もこのようなことがないよう、気をつけることが大切です。/正在养（蜜蜂）的人自不必说，未来计划养蜂的人也要特别注意避免出现此类问题。

听解策略

❶ 抓住表示转折关系的关键词，如「しかし」「でも」「のに」等。

❷ 通过关键句把握中心话题，排除干扰项。干扰项虽然不是正确答案，却是和听力原文相关的内容，且往往不与听力原文的中心思想冲突，因此会影响学习者的判断。干扰项在听力原文中经常可以引出中心话题和关键句，或者延伸中心话题。我们只有分清主次、排除干扰、抓住关键句，才能把握中心话题。

❸ 注意一些语句的替换说法。本题选项④中「蜂を飼う時の注意」的「注意」是听力原文「これから飼おうとしている人もこのようなことがないよう、気をつけることが大切です」中「気をつける」的替换说法。

正确答案

选项④

2番 もう一回聞いて、録音の内容と合っているものに○、合っていないものに×をつけてください。

①（　）　②（　）　③（　）　④（　）

六 > 重要表达方式 & 7.6

1. 本章の重要表現

録音を聞きながらシャドーイングの練習を繰り返してください。

❶ 次にその場所は強い風、寒い風が直接当たらないようなところでなくてはなりません。強い風が当たれば、落ち着いて寝ていられないだろうし、寒ければ、体温を著しく失うことになります。/其次，那个地方不能直面强风、寒风。如果直接面对强风，就无法安稳地睡觉，如果直接面对寒风，体温会迅速下降。

❷ 蜂に刺されるのを恐れる人がいるかもしれませんが、実は蜂はめったに人を刺すことはないんです。そして、毎日餌をやる手間もないので、気軽に飼えるそうです。/也许有人害怕被蜜蜂蜇，但实际上蜜蜂很少蜇人。听说也不用每天喂食（蜜蜂），比较容易饲养。

❸ 趣味で蜂を飼うことで、隣の人とトラブルになったり、蜂蜜を販売する本業の人が育てている蜂に病気を移したりといった問題も出てきています。/出于兴趣养蜂也引发了一些问题，比如与邻居发生纠纷，(蜜蜂的)疾病传染给职业养蜂人养殖的蜜蜂等。

❹ 今、りんご農家では、ねずみによる被害が問題になっています。…いいりんごを作るためには、ねずみの行動を知らないと対策が立てられません。/目前，苹果农遭遇鼠灾已经成为一大问题。……只有了解老鼠的活动习性才能制定(避免鼠灾的)对策，种植出好的苹果。

❺ 今年はいつもと比べて、天候が悪く、収穫がどうなるかなかなか見通しが立たなくて。もちろん天候に左右されにくくするために、これまでさまざまな改良を重ねてきましたが、春先は雨がかなり降りましたからね。/与以往相比，今年的天气不好，收成很难预测。当然，为了尽量减少天气对收成的影响，(我们)也做了各种改进，但早春的时候降雨量特别大，(所以还是受到了影响)。

❻ 果物以外にも、キノコ狩りや稲刈りと言った収穫体験もあります。最近はにわとり小屋で、まだ温かい卵をとったり、海から川に戻ってきた鮭を捕まえるなど、生き物と接することができるツアーもあるんですよ。/除了(采摘)水果，还可以体验采蘑菇和割稻子。近期也出现了一些可以接触到生物的旅游项目，比

如从鸡窝里取出刚下的鸡蛋，捕捉从海里游回河里的鲑鱼等。

❼ それらはどんなに簡単と言っても、やっぱり外に出て土をいじったり肥料を与えたり、毎日のように水をやったりしなければならなかったんです。/（那些蔬菜）再简单好养，也需要到外面翻土、施肥，而且每天都需要浇水。

❽ A：野菜を育てるのには手間がかかるという常識を破った商品ですね。/真是个打破了“种植蔬菜费事”这一常规认识的商品啊。

B：はい、容器の中に土と植物が育つための必要な栄養が入っていますから、手間要らずですよ。/是的。容器里有土和供给植物生长的必要营养，（养起来）一点也不费事。

2. 自分にとっての重要表現

本章のトピックで勉強したものに、まだ分からないところがあれば、ここに書き留めて、友人や先生に教えてもらったり、辞書などで調べたりしてください。

七 › 原汁原味＆配音挑战 7.7

本章で習ったトピックは、日本人の実際の生活では、どのように現れているのか。テレビドラマのワンシーンを通して見てみましょう。

1. 次の質問を考えながら、スキットを見てください。

① この動物園では週に一度の休園日に何をしますか。

② 先生は何が大事だと思っていますか。

2. もう一度スキットを見て、先生のセリフを書きましょう。

3. もう一つドラマのワンシーンを見てください。先生が話している場面です。先生のセリフをまねて、アフレコにチャレンジしましょう。

八 › 活学活用 & 7.8

タスク1

四種類の花について紹介しましょう。まず、次の文章を読んで、（　　　　）のところを考えて、埋めてみてください。

今日はこちらの四種類の花についてそれぞれの（①　　　　　）をご紹介します。まず、このシロバナ、小さくてかわいらしい花が一年を（②　　　　　）鑑賞できる珍しい種類です。それから、このチイバナ、これは夏に咲く花で、暑い国が（③　　　　）です。ほかの花と違い、（④　　　　　）に非常に強く、水分がなくても枯れることがないので、しばらくほっておいても心配ではありません。後は、キレバナ、これは珍しい香りを持つ花で、女性にとても人気です。あ、蝶や蜂もよく集まってきますけどね。そして最後に、こちらのツヨバナ、この花はとにかく環境を選びません。春と秋に花が咲き、虫にも強く、（⑤　　　　　）が少ないところ、寒いところでも元気に育ちます。ただ、少しずつでも水を毎日やっててください。

タスク2　ロールプレー

地球温暖化を防ぐために私たちにできることがたくさんあります。次の内容を参考しながら、会話を作ってみてください。

地球温暖化を防ぐ——身近にできることに取り組もう

家庭から排出される二酸化炭素を減らそう：

★電力

★ガス

★ガソリン

私たちにできること：

〇公共交通機関を利用しよう

〇マイバッグを持っていく

〇買い替え時は省エネ製品を選ぼう

〇電気のつけっぱなしを避けよう

九 › 综合练习 7.9

タスク1

まず聞いて選んでください。それから質問に答えてください。

1番　大学の先生が授業で話しています。

1-1　録音を聞いて、最もよいものを一つ選んでください。

① 鼠の行動について

② 鼠の種類について

③ リンゴの被害について

④ リンゴの育て方について

1-2　もう一回聞いて、質問に答えてください。

① 先生の研究分野は何ですか。

② 木が死んでしまう原因は何ですか。

③ いいリンゴを作るためにはどうすればいいですか。

(2番) テレビでリンゴ農家の人が話しています。

2−1 録音を聞いて、最もよいものを一つ選んでください。

① 改良の苦労

② 収穫を増やす方法

③ 今年の収穫の見通し

④ 収穫の仕方

2−2 もう一回聞いて、質問に答えてください。

① この人は天候に左右されにくくするために、どんなことをしましたか。

② 今年の春先の天気はどうでしたか。その後はどうなりましたか。

③ 今年の収穫は去年より多いですか、少ないですか。

(3番) 大学の先生が講義で話しています。

3−1 録音を聞いて、最もよいものを一つ選んでください。

① 島に住む猿の増加

② 猿が観光客に与える害

③ 島の観光産業

④ 人間が自然に与える影響

3−2 もう一回聞いて、質問に答えてください。

① 猿たちは森で何を食べて生きていますか。

② 猿の喉に異物を詰まらせたりする理由に何がありますか。

③ 勝手に猿に餌をやることによって、どんなことが起きる恐れがありますか。

(4番) ラジオで女の人が話しています。

4−1 録音を聞いて、最もよいものを一つ選んでください。

①　　②　　③　　④

4−2 もう一回聞いて、質問に答えてください。

① 収穫体験でどんなことが楽しめますか。

② 生き物と接する体験でどんな内容のツアーがありますか。

③ これらの自然体験は特にどんな人に人気がありますか。

5番 テレビで女のアナウンサーが男の人にインタビューをしています。

5−1 録音を聞いて、最もよいものを一つ選んでください。

①　　②　　③　　④

5−2 もう一回聞いて、質問に答えてください。

① これまで自宅で野菜を育てるのにどんなことをしなければなりませんでしたか。

② このキュウリ栽培セットはどんなところに置かなければなりませんか。

③ どうしてこのキュウリ栽培セットは手間が要らないんですか。

タスク2　ディスカッション

マイバッグ運動とは、小売店での購買時には買い物袋の持参を呼びかける環境保護運動です。小売店が渡すレジ袋を使わず、消費者が持参した袋やバッグを使用しようという運動です。一人一人が実行できる、最も身近な環境保護運動の一つであるとも言えるでしょう。いわゆるレジ袋に対し、買い物客が持参するマイバッグは「エコバッグ」とも呼ばれています。

近年、中国では急速にグリーン社会化が進んでいます。まずはレジ袋の全面有料化です。2008年6月から厚さ0.025mm以下のポリエチレン製の袋の製造、販売を全面禁止し、スーパーマーケットやコンビニエンスストア、個人商店などのレジ袋を原則有料化しました。

マイバッグのメリット、ポリエチレン製の袋のデメリットはそれぞれ何ですか。自分の周りでは環境保護の実態はどうですか。自分の考えをまとめてグループで友達とディスカッションしてください。オンライン授業 の「討論区」でもご意見を発表し、多くの人とシェアしましょう。

第八章 商业和经营

一 › 导言 8.1

動画を見てください。それから、聞く能力と話す能力における目標を下記の表に記入しておいてください。

商业是一种通过买卖使商品流通的经济活动。商业活动一般包括商品交易、经营战略、营销、企业管理和运营等多方面。商业和经营的内容相对抽象，且容易受到文化或时代背景的影响而发生变化。本章将从企业的经营方针和理念、营销策略、产品研发等内容入手，探讨商业和经营的话题。通过本章的练习，我们要了解商业和经营相关的常用日语表达方式，要能够听懂关于营销、企业改革等方面的听力材料，并能够在实际生活中对此类话题发表自己的看法。

本章的“听”“说”目标（“Can-do”自我评价表）：

	Can-do（聞く）	Can-do（話す）
1		
2		
3		

二 › 听前热身 & 8.2

1. 次の文章を読んでください。それから録音を繰り返し聞いてください。

人間大事の経営哲学

＊＊幸之助の経営者としての人生は、23歳の時に自分の考案した改良ソケットをつくる事業から始まった。これが現在の大手グローバル企業＊＊＊の創業となるが、人間大事の哲学を経営に取り入れながら、事業を進めていくことになる。

従って、彼の経営は「人間大事の経営」「人間偉大の経営」と言える。だからこそ偉大なる存在として従業員を大事にした。偉大なる存在としての顧客を大事にした。顧客でない人たちもまた、偉大なる存在として大事にした。多くの国民、さらには全人類をも大事にした。彼にとっては、全ての人たちが「偉大な存在」「大事な存在」であった。

彼が産業人の使命として、「いいものを、 安く、たくさん」つくり、提供すると考えていたことは、有名である。多くの人々は、利益が上がる、あるいは商売が、経営がうまくいくことが産業人の使命だと思っている。しかし、＊＊幸之助はそうは考えなかった。利益を第一に考えて経営をし、商売をすれば、確かに利益は上がる。経営はうまくいく。だが、それゆえに「いいものを、安く、たくさん」と言っているのではない。

それは「いいものを提供しなければ、偉大なる存在である人々に、あるいは顧客に申し訳ない」という考えから来ている。「安く」ということに関しても、原価を割って安くではない。さりとて、暴利をむさぼるような価格ではない。まさに「お客よし、自社よし、社会よし」という三方よしの適正価格。そういう価格でなければ、「ダイヤモンドの存在たる人間、顧客に無礼である」という考えである。「たくさん」も同じこと。過不足なく適量でなければ、適正価格はおぼつかない。まして不正を行う経営は、人間悪・社会悪ということになる。このように、＊＊幸之助の経営は、「人間は王者」「人間は大事な存在」という哲学を根底にしている。

2. 録音を聞きながら以下の（　　　　）を埋めてください。

人間大事の経営哲学

＊＊幸之助の経営者としての人生は、23歳の時に自分の考案した改良ソケットをつくる事業から始まった。これが現在の大手グローバル企業＊＊＊の創業となるが、人間大事の哲学を経営に取り入れながら、（①　　　　）を進めていくことになる。

従って、彼の経営は「人間大事の経営」「 人間偉大の経営」と言える。だからこそ偉大なる存在として（②　　　　）を大事にした。偉大なる存在としての（③　　　　）を大事にした。（③　　　　）でない人たちもまた、偉大なる存在として大事にした。多くの国民、さらには全人類をも大事にした。彼にとっては、全ての人たちが「偉大な存在」「大事な存在」であった。

彼が産業人の使命として、「いいものを、（④　　　　）」つくり、提供すると考えていたことは、有名である。多くの人々は、（⑤　　　　）、あるいは商売が、経営がうまくいくことが産業人の（⑥　　　　）だと思っている。しかし、＊＊幸之助はそうは考えなかった。利益を第一に考えて経営をし、商売をすれば、確かに利益は上がる。経営はうまくいく。だが、それゆえに「いいものを、（④　　　　）」と言っているのではない。

それは「いいものを提供しなければ、偉大なる存在である人々に、あるいは顧客に申し訳ない」という考えから来ている。「安く」ということに関しても、原価を割って安くではない。さりとて、暴利をむさぼるような価格ではない。まさに「（⑦　　　　）、自社よし、社会よし」という三方よしの適正価格。そういう価格でなければ、「ダイヤモンドの存在たる人間、顧客に（⑧　　　　）」という考えである。「たくさん」も同じこと。（⑨　　　　）なく適量でなければ、適正価格はおぼつかない。まして（⑩　　　　）経営は、人間悪・社会悪ということになる。このように、＊＊幸之助の経営は、「人間は王者」「人間は大事な存在」という哲学を根底にしている。

3. 次の質問に答えてください。

① 文章の中で、どんな人が偉大な存在だと言っていますか。

② 産業人の使命について、多くの人がどう思っていますか。

③ 適正価格とはどういう意味ですか。

三 > 小试牛刀 & 8.3

録音を聞いて、最もよいものを一つ選んでください。

1番

1-1 誰が話していますか。

① 会社の一般社員

② 会社の経営者

1-2 何について話していますか。

① 会社の新製品

② 会社の今後

1-3 この会社の経営状況はどうですか。

① 悪化している

② 急成長している

1-4 この会社の社員はこれからどうなりますか。

① 半分の人の給料が上がる

② たくさんの人が解雇される

2番

2-1 この喫茶店は朝何時に始まりますか。

① 7時

② 6時半

2-2 店の売り上げはどうですか。

① 増え続けている

② すこし減っている

2-3 英語学校の朝早い時間のクラスにどんな人が多いですか。

① 学生

② 会社員

2–4 これからどんなタイプの人が増えると言っていますか。

① 朝型の人

② 夜型の人

四 › 典型题材1 & 8.4

二人の会話を聞きます。聞く前に選択肢を読んで意味を確認して、予測してみてください。どんな場面でどういう関係の人たちが何について話しているのか想像してみましょう。

1番 録音を聞いて、最もよいものを一つ選んでください。

① 客が購入した商品を無料で設置する

② インターネットで注文を受け付ける

③ 分かりやすい説明書を配る

④ 販売後に客の家を定期的に訪問する

听解小贴士

关键语句

電話がかかってきたらじゃなくて、購入してもらったら、こっちから伺うのはいかがですか。時期を決めておいて、一週間後とか、 一か月後とか、何度か。/不是等顾客打电话过来，而是(顾客)购买之后，(你)就主动去拜访怎么样？比如一周或一个月之后，定期去几次。

听解策略

❶ 设身处地地思考如果自己是顾客，会喜欢哪一个选项。可以从选项的内容来判断商品种类。

❷根据说话人的语气，揣摩说话人的态度和观点。

❸ 关注表示意见的表达方式，如「～のはどう」「～といい・ばいい・たらいい」「～ほうがまし」等。

正确答案

选项④

2番 もう一回聞いて、録音の内容と合っているものに○、合っていないものに×をつけてください。

①（　　）　②（　　）　③（　　）　④（　　）

五 > 典型题材2 & 8.5

1番 まず話を聞いてください。それから、質問と選択肢を聞いて、①から④の中から、最もよいものを一つ選んでください。

①　②　③　④

听解小贴士

关键语句

町の人はボランティア活動で「桜マネー」をもらうことができ、「桜マネー」が使える商店街の店では、客を呼び込むことができます。/社区居民可以通过（参与）志愿者服务活动获得“樱花币”，而商店街里接受这种货币的店铺，就可以（通过这种方式）吸引顾客。

听解策略

❶ 开头部分说话人一般会介绍话题，需要特别关注。
❷ 听的过程中要记录要点，专有词汇可以只记录发音。
❸ 概要理解题型，「例えば」等表示举例说明的部分略听即可。

正确答案

选项③

2番 もう一回聞いて、録音の内容と合っているものに○、合っていないものに×をつけてください。

①（　　）　②（　　）　③（　　）　④（　　）

六 > 重要表达方式 & 8.6

1. 本章の重要表現

録音を聞きながらシャドーイングの練習を繰り返してください。

❶ 厳しい選択ですが、半分以上の方に会社を去っていただくことになります。/这是一个艰难的抉择——(公司决定)辞退一半以上的员工。

❷ 早起きにはこうした長所がありますから、今後も朝型の生活が快適だと感じる人はますます多くなって、これに応じたサービスもさらに増えるのではないでしょうか。/正因为早起有这么多的好处，今后会有更多的人觉得早起的生活方式很舒适，(与这种生活方式)相适配的服务也会更多吧。

❸ そういうサービスがあると、お客さんは頼りにして、また頼もうって気持ちになるんじゃないですか。/如果增加这项服务，顾客会信任商家，也会想再次光顾这家店购买(商品)吧。

❹ 最近は郊外に進出している大型ショッピングセンターの影響で、昔からある商店街は買い物客が減り、経営が苦しいところが増えています。/最近，郊区开了大型购物中心，受此影响，传统商店街的顾客减少，面临经营困难等问题的商家增多。

❺ この厳しい時代に会社が生き残れているのは、お客様との信頼関係を基本においてきたからです。/公司能在如今这样困难的时期生存下来，是因为我们始终把与客户建立信任关系作为(公司发展的)基本方针。

❻ ライバルの会社は新製品を次々と開発し、売り上げを伸ばしています。/竞争对手的公司不断开发新产品，(产品)销量持续增长。

❼ これは商品の価格を下げたり、新商品を開発したりするのではなく、売り上げに関するデータを生かした戦略の一つだと言えます。/这并不是通过降低商品价格或开发新产品(来实现的)，而是一种灵活运用销售数据的(营销)策略。

❽ そのため、オンライン化によって、事務手続きの効率化を図るなど、労働生産性をあげるべく、全社員一丸となって努力してまいりました。/为此，通过网络化提高业务办理的效率等方式来提高劳动生产率，所有员工齐心协力做了努力。

❾ わたくしどもは長年家族で細々とやってきましたが、つい最近、洋菓子店のレモンさんと商品開発をいたしましてね。/多年来我们店一直采用家族式管理，但最近我们与Lemon西点店合作开发了新产品。

❿ 念入りな調査に基づいて、現状を客観的に分析できれば、大きなチャンスをものにできるんです。/能够基于细致的调查客观分析现状的话，就能抓住重要的机遇。

2. 自分にとっての重要表現

本章のトピックで勉強したものに、まだ分からないところがあれば、ここに書き留めて、友人や先生に教えてもらったり、辞書などで調べたりしてください。

七 › 原汁原味&配音挑战 8.7

本章で習ったトピックは、日本人の実際の生活では、どのように現れているのか。テレビドラマのワンシーンを通して見てみましょう。

1. 次の質問を考えながら、スキットを見てください。

① 社長の話では、工場の売り上げと社員がどう変わりましたか。

② 大橋さ人はどうして社長に「謝る必要はありませんよ」と言いましたか。

2. もう一度スキットを見て、社長のセリフを書きましょう。

3. もう一つドキュメンタリーのワンシーンを見てください。社長の話をまねて、アフレコにチャレンジしましょう。

八 › 活学活用 & 8.8

タスク1

社長が会社の順調な経営について話しています。まず、次の文章を読んで、（　　　　）のところを考えて、埋めてみてください。

私どもの会社は規模が（①　　　　）ながらも、今日まで好調な経営状態を維持しています。この厳しい時代に会社が（②　　　　　　）のは、お客様との信頼関係を基本においてきたからです。経営が（③　　　　）なのは、運がよかっただけという人もいますし、事業の規模を拡大しないとだめだという経営のプロからのご（④　　　　）もありましたが、うちは自分たちのこの基本的な考え方に（⑤　　　　）、やってきましたし、それが今日の成功にもつながっていると思っています。

タスク2　ロールプレー

会社でミーティングをします。今日のテーマは「新商品の売れ行きと来月の発注について」です。以下のポイントを参考にしながら、上司と部下の会話を作ってみてください。

商品① ～食品会社から仕入れている栄養ドリンク	部下：売れ行きが好調、容器がおしゃれ、値段が手ごろ、若い女性に人気、在庫がない 上司：来月、注文数を二倍に増やす
商品② 自然食品	部下：健康への関心が高い、よく売れる、「種類を増やす」という意見を出す 上司：自然食品のすべてのシリーズを50個ずつ注文する

九 › 综合练习 8.9

タスク1

まず聞いて選んでください。それから質問に答えてください。

1番 会社で、社長が社員に話しています。

1–1 録音を聞いて、最もよいものを一つ選んでください。

①　②　③　④

1–2 もう一回聞いて、質問に答えてください。

① この会社が抱えている問題は何ですか。

② 社長は誰に企画を出してほしいと思っていますか。

③ 社長の話では、どんなことが期待されていますか。

2番 大学で先生がある食品会社について話しています。

2–1 録音を聞いて、最もよいものを一つ選んでください。

① 全国のスーパーで販売を始めた

② 特定の地域で、商品を売る店を増やした

③ 特定の地域向けに新商品を開発した

④ 全国のスーパーで商品の値段を下げた

2−2 **もう一回聞いて、質問に答えてください。**

① この会社は5年前までに、どこで商品を売っていましたか。

② 近年、この会社はどこで商品を売る店を増やしましたか。

③ 大学の先生はこの会社の経営戦略についてどう言っていますか。

3番 **ラジオで、社長が会社の労働時間について話しています。**

3−1 **録音を聞いて、最もよいものを一つ選んでください。**

① 人件費を削減するため

② 光熱費を削減するため

③ 事務の効率化を図るため

④ 社員のやる気を高めるため

3−2 **もう一回聞いて、質問に答えてください。**

① この会社の労働時間は何時間から何時間になりましたか。

② 事務仕事の効率化をどのように進めましたか。

③ 労働時間が減ったことで会社はどんな変化がありますか。

4番 **テレビ番組で女のレポーターと男の人が話しています。**

4−1 **録音を聞いて、最もよいものを一つ選んでください。**

① 洋菓子店と共同で商品を作ったこと

② 雑誌やテレビに取り上げられたこと

③ 店の全国展開を開始したこと

④ 昔ながらの味を再現したこと

4−2 **もう一回聞いて、質問に答えてください。**

① 洋菓子店のレモンはどんな店ですか。

② 共同開発になったきっかけは何ですか。

③ 共同開発の前に、和菓子店はどのようにお菓子を作ってきましたか。

(5番) テレビで女のアナウンサーが会社の経営について社長にインタビューしています。

5－1 録音を聞いて、最もよいものを一つ選んでください。

① 自分でチャンスを作ること

② 状況を客観的に分析すること

③ 常にすばやく決断すること

④ いいアイディアを考え出すこと

5－2 もう一回聞いて、質問に答えてください。

① この社長はいつ自分の会社を立ち上げましたか。

② チャンスを的確に判断するために、普段から何をしなければならないと言っていますか。

③ 思いつきや思い切りのよさだけでは、会社の経営はどうなりますか。

タスク2　ディスカッション

中国では最近、ネットの生中継で商品を売る「ライブコマース（直播電商）」に企業経営者が自ら出演し、自社製品を消費者に直接売り込むマーケティングが広がりを見せています。新型コロナウィルスで打撃を受けた実店舗での収益を補う手段として活用され、1日で100億元（約1,530億円）を売り上げたメーカーもあります。経営者の出演はライブコマースの有力な手法として定着しつつあります。

あなたはライブコマースで買い物をしたことがありますか。その魅力は何だと思いますか。そして、社長などの経営者が自ら出演して、販売することについてどう思いますか。自分の考えをまとめてグループで友達とディスカッションしてください。オンライン授業の「討論区」でもご意見を発表し、多くの人とシェアしましょう。

第九章 科学普及

一 › 导言 9.1

動画を見てください。それから、聞く能力と話す能力における目標を下記の表に記入しておいてください。

科学普及简称“科普”，是指以普及科学知识为目的，用通俗易懂的方式解释科学现象或理论的活动，涵盖了自然科学、社会科学等领域的知识。科普类的听力材料通常逻辑性较强、专业名词较多，其中会有不少我们比较陌生的内容，但只要在听的过程中做好记录，抓住用于解释说明的语句，我们就能够轻松应对问题。平时我们也要多积累科学知识，方便在理解的基础上进行听说练习。通过本章的练习，我们要能够掌握用于解释说明的表达方式，能够对某种科学现象进行简单说明或描述。

本章的“听”“说”目标（“Can-do”自我评价表）：

	Can-do（聞く）	Can-do（話す）
1		
2		
3		

二 > 听前热身 & 9.2

1. 次の文章を読んでください。それから録音を繰り返し聞いてください。

水族館

皆さんは、水族館が好きですか。日本の多くの水族館では、大きな水槽の中を、いろいろな魚がゆったりと泳いでいるのを見ることができます。ときには、体長2メートルもある人食いザメや1メートルを超えるマグロなどの大きい魚と、アジなどの小さい魚が一緒に泳いでいることもあります。その様子はまるで本当の海の中をのぞいているようです。

しかし、本当の海と水族館には、大きな違いがあります。それは、もし本当の海だったら、大きい魚は小さい魚を食べてしまうはずなのに、水族館では、一つの水槽の中で大きい魚と小さい魚が一緒に泳いでいることです。なぜでしょうか。

それは、水槽で飼われている魚が飢えていないから。水族館では魚は餌を十分に与えられています。餌として与えられているのは生きている魚ではなく、死んだ魚です。だからあまりおいしくはないのですが、多少まずくても食べるものがあれば、わざわざエネルギーを使ってほかの魚を襲うことはしないのです。

狩りをする、つまり、ほかの生き物を捕ることは、生き物にとって、とても危険なことです。ときには、けがをしたり、命を落とすこともあります。このように、大変なエネルギーを使って狩りをするのは、ほんとうに必要な時、つまり食べなければ生きていけない時だけなのです。

2. 録音を聞きながら以下の（　　　　　）を埋めてください。

水族館

皆さんは、水族館が好きですか。日本の多くの水族館では、大きな（①　　　　　）の中を、いろいろな魚が（②　　　　　）と泳いでいるのを見ることができます。ときには、（③　　　　　）2メートルもある人食いザメや1メートルを超えるマグロなどの大きい魚と、アジなどの小さい魚が一緒に泳いでいることもあります。その様子はまるで本当の海の中をのぞいているようです。

しかし、本当の海と水族館には、大きな違いがあります。それは、もし本当の海だったら、大きい魚は小さい魚を食べてしまうはずなのに、水族館では、一つの水槽の中で大きい魚と小さい魚が一緒に泳いでいることです。なぜでしょうか。

それは、水槽で飼われている魚が（④　　　　　　　　）から。水族館では魚は餌を十分に与えられています。餌として（⑤　　　　　　　　）のは生きている魚ではなく、死んだ魚です。だからあまりおいしくはないのですが、多少まずくても食べるものがあれば、わざわざ（⑥　　　　）を使ってほかの魚を（⑦　　　　）ことはしないのです。

（⑧　　　　）をする、つまり、ほかの生き物を（⑨　　　　）ことは、生き物にとって、とても危険なことです。ときには、けがをしたり、（⑩　　　　　　）こともあります。このように、大変なエネルギーを使って狩りをするのは、ほんとうに必要な時、つまり食べなければ生きていけない時だけなのです。

3. 次の質問に答えてください。

① 日本の多くの水族館では大きい水槽の中をどんな魚が泳いでいますか。

② 水族館ではどうして同じ水槽にいても、大きい魚は小さい魚を食べないのでしょうか。

③ 生き物にとって、「狩りをする」のはどんなことですか。普通どんな時に狩りをしますか。

三 〉小试牛刀 & 9.3

会話を聞いて、最もよいものを一つ選んでください。

1番

1–1 明日のデートに、どんな色の服を着ていくといいですか。

① 赤

② ピンク色

1–2 オレンジ色はどんな気持ちにさせてくれますか。

① 楽しい

② 寂しい

1−3 どうして寝る時は青い服を着たほうがいいと言っていますか。

① 青というのは人を眠くさせる色だから

② 青というのは気持ちを落ち付かせる色だから

2番

2−1 何について話していますか。

① 地震の揺れの強さ

② 地震に備えてしておくこと

2−2 どうして女の人はうちの家具は大丈夫だと言っていますか。

① かべに固定したから

② 背の高い家具はないから

2−3 避難用のセットに入れなければならないものは何ですか。

① 食べ物や水

② お金や本

2−4 どうして女の人は家族の避難場所を決めなくてもいいと言っていますか。

① 家族がいないから

② 今一人暮らしだから

四 > 典型题材1 & 9.4

1番 **まず話を聞いてください。それから、質問と選択肢を聞いて、①から④の中から、最もよいものを一つ選んでください。**

① ② ③ ④

听解小贴士

关键语句

これは自律神経という体のある神経の働きによるものなんです。/这是由身体的自律神经机能引起的(现象)。

スピーチの時の緊張による心臓の変化はスピーチという恐ろしいものと戦おうとしてアクセルを踏んだ状態となり、心臓を活発に働かせることによって起こるものなのです。/演讲时，由于紧张而引起的心脏变化是(自律神经)试图与演讲这一“可怕”的事物战斗，导致心脏加速跳动的(现象)，就像踩了加速踏板一样。

听解策略

❶ 本题开头无提问，需边听边预测接下来的内容。本题首先提出一个众所周知的现象，接着使用了解释说明的句型，因此可以推断出本题是在解释该现象出现的原因。

❷ 掌握相关表达方式，如表示解释说明的句型「これは～なのです」，表示“由……，根据……”的关键词「～による」等，根据这些句型和关键词推导答案。

❸ 理解文章大意，抓住中心思想，并通过排除法选出正确答案。

正确答案

选项②

2番 もう一回聞いて、録音の内容と合っているものに○、合っていないものに×をつけてください。

①(　　)　②(　　)　③(　　)　④(　　)

五 > 典型题材2 & 9.5

独話を聞きます。聞く前に選択肢を読んで意味を確認し、予測してみてください。どんな場面で何について話しているのか想像してみましょう。

1番 録音を聞いて、最もよいものを一つ選んでください。

① 運動の前は取らず、運動の後に疲れたら取る

② 運動の前に取り、運動中も一定の時間ごとに取る

③ 運動中は取らず、運動の前後に取る

④ 運動中に空腹を感じたら取る

听解小贴士

关键语句

運動前の適度な栄養補給はいいパフォーマンスにもつながりますし、運動後の疲労回復にも効果があります。また、運動中の補給も無視するわけにはいきません。/运动前适度的营养补给不仅能促进良好的发挥，还能帮助缓解运动后的疲劳。另外运动时也不能忽视(营养)补给。

听解策略

❶ 听清题目中的关键词，带着明确的任务听材料。

❷ 理解题目与正文、正文与选项中出现的相同意思的不同表达方式。比如「効果的」和「効果がある」，「～おき」和「～ごと」。

❸ 理解并掌握「～かねる」的含义和用法。这种肯定句式却表达否定含义的句型要重点记忆。

正确答案

选项②

2番 もう一回聞いて、録音の内容と合っているものに○、合っていないものに×をつけてください。

①(　　)　②(　　)　③(　　)　④(　　)

六 › 重要表达方式 & 9.6

1. 本章の重要表現

録音を聞きながらシャドーイングの練習を繰り返してください。

❶ 狩りをする、つまり、ほかの生き物を捕ることは、生き物にとって、とても危険なことです。ときには、けがをしたり、命を落とすこともあります。/“狩猎”也就是捕获其他动物，(这)对于动物来说是非常危险的事情。(它们)有时会受伤，有时甚至会丧命。

❷ 色は人間に対して、不思議な力を持っています。その日の調子や相手に与えたい印象を考えて、洋服の色を選び、あなたの運をよくしましょう。/颜色对人

有着不可思议的力量。思考当天的状态及想留给对方的印象，再来选择衣服的颜色，会给你带来好运。

❸ 地震に備えて何をしておけばいいですか。/为了应对地震，（我们）应该提前做好哪些准备呢？

❹ スピーチの時の緊張による心臓の変化はスピーチという恐ろしいものと戦おうとしてアクセルを踏んだ状態となり、心臓を活発に働かせることによって起こるものなのです。/演讲时，由于紧张而引起的心脏变化是（自律神经）试图与演讲这一“可怕”的事物战斗，导致心脏加速跳动的（现象），就像踩了加速踏板一样。

❺ 運動前の適度な栄養補給はいいパフォーマンスにもつながりますし、運動後の疲労回復にも効果があります。また、運動中の補給も無視するわけにはいきません。/运动前适度的营养补给不仅能促进良好的发挥，还能帮助缓解运动后的疲劳。另外运动时也不能忽视（营养）补给。

❻ 実は油を多く含んだカロリーの高い食品は口の中を刺激します。その刺激が脳に伝わっておいしいと感じます。/实际上，摄入高卡路里的油脂食物会刺激人的口腔，这种刺激会传达到大脑，从而（让人）感觉到好吃。

❼ よく道に迷う人がいますね。そのような人でも頭の中に地図を描くことにより、大体の方向が分かるようになります。/有不少人经常迷路。这些人（如果）在头脑中描绘出地图，就会明白大致的方向。

❽ ある調査では、コーヒーを一日三杯以上飲む人は、糖尿病が発症する可能性が、ほとんど飲まない人より4割少ないという結果が出ています。癌や心臓病の予防に効果があるという報告もあります。/有调查报告显示，每天喝三杯以上咖啡的人，糖尿病的发病率比平时不喝咖啡的人要少四成，而且咖啡还具有预防癌症和心脏病的功效。

❾ 現代の科学で説明できないことはすべて非科学的だと言って否定する人もいますが、それは科学的な態度とは呼べないと私は考えています。/有不少人把现代科学无法说明的事情全部否定成非科学，我认为这不能算作科学的态度。

❿ いい睡眠を取るためには、自分にとっての適正な時間以上布団に入らないことがポイントです。/要想获得高质量的睡眠，最重要的是不要超过最适合自己的睡眠时长。

2. 自分にとっての重要表現

本章のトピックで勉強したものに、まだ分からないところがあれば、ここに書き留めて、友人や先生に教えてもらったり、辞書などで調べたりしてください。

七 › 原汁原味&配音挑战 9.7

本章で習ったトピックは、日本人の実際の生活では、どのように現れているのか。テレビドラマのワンシーンを通して見てみましょう。

1. 次の質問を考えながら、スキットを見てください。

① 店長さんの話によると、ランニングがブームになっているのに伴って、足を怪我する人が増加している原因は何だと考えられていますか。

② 人間本来の走り方とは何ですか、これはどんなメリットがありますか。

2. もう一度スキットを見て、人類の祖先であるホモ・サピエンスが生き残った原因を書きましょう。

3. もう一つドラマのワンシーンを見てください。大学生の発表の中から一つ選んでまねて、アフレコにチャレンジしましょう。

八 > 活学活用 & 9.8

タスク1

ラジオでアナウンサーが雷について話しています。まず、次の文章を読んで、（　　　　）のところを考えて、埋めてみてください。

夏は海や山といったところにお出かけになる機会も多いと思いますが、雷に注意することが必要な季節です。（①　　　　）といった音が聞こえたら、いくら小さい音でもまだ大丈夫だと過信せず、すぐに（②　　　　）する必要があります。雷は（③　　　　）や木などに落ちる性質があるので、木などへは近寄らないで、すぐに（④　　　　）に入るようにしてください。もし、海や山などにいて、適切な避難場所がない場合には、高い木などのそばから（⑤　　　　）低い姿勢を取ることが大切です。

タスク2　ロールプレー

人の体温についての資料です。

体温	昼は高い	
	夜は2、3度低い	
理由	体内時計	人がもともと持っている体の中の時計
できる時期	生まれてから3、4か月ぐらい	だんだん明るさや暗さが分かるようになるうちに

以上の内容を参考しながら、先生と学生の会話を作って、発表してください。

学生：問題を出します。

先生：解釈します。

九 › 综合练习 9.9

タスク1

まず聞いて選んでください。それから質問に答えてください。

1番 **大学で先生が話しています。**

1−1 **録音を聞いて、最もよいものを一つ選んでください。**

①　　②　　③　　④

1−2 **もう一回聞いて、質問に答えてください。**

① 油や脂肪の多い食べ物と言えば、何が思い出せますか。

② どうして人間は油や脂肪の多い食べ物をおいしいと感じますか。

③ 油は人間にとってどんな物質ですか。

2番 **ニュースで男の人が話しています。**

2−1 **録音を聞いて、最もよいものを一つ選んでください。**

①　　②　　③　　④

2−2 もう一回聞いて、質問に答えてください。

① よく道に迷う人はどんな特徴がありますか。

② よく道に迷うという人はどうやって大体の方向が分かるようになるのでしょうか。

③ ②の方法以外にまたどんな方法がありますか。

3番 ニュースで栄養学の専門家が話しています。

3−1 録音を聞いて、最もよいものを一つ選んでください。

①　②　③　④

3−2 もう一回聞いて、質問に答えてください。

① コーヒーが体にいいところは何ですか。

② コーヒーが体に悪いところは何ですか。

③ 専門家の話によると、コーヒーの正しい飲み方は何ですか。

4番 講演会で大学の先生が話しています。

4−1 録音を聞いて、最もよいものを一つ選んでください。

①　②　③　④

4−2 もう一回聞いて、質問に答えてください。

① ある考えが科学的だと言えるかどうかを判断する際に、何をしなければなりませんか。

② どうして①をしなければなりませんか。

③ 現代の科学で説明できないことはすべて非科学的だと言って否定することについて、先生はどう考えていますか。

5番 女の人は睡眠について話しています。

5−1 録音を聞いて、最もよいものを一つ選んでください。

①　②　③　④

5−2 もう一回聞いて、質問に答えてください。

① どうして5時間だけ寝ても元気で眠くない人もいれば、8時間も寝ても元気

がない人もいますか。

② いい睡眠を取るためには何をするのが重要だと言っていますか。

③ 寝不足と感じたらどうすればいいですか。

タスク2　ディスカッション

皆さんはなかなか眠れない時、どのような方法を試したことがありますか。ある研究によると、片方の足を布団の外に出すのは効果があるそうです。研究者によると、ぐっすり眠るためには体温を1度ほど下げる必要があります。それは体温が低下すると倦怠感が生じるからです。人体は環境によって冷えるほか、皮膚を使い体温を下げることができます。具体的には、手や頭、足の皮下組織にはたくさんの細い血管がはりめぐらされており、また手と足には動静脈吻合があって、エネルギーの損失が調整できます。これらの血管は皮下組織にある静脈に血液を提供します。足の皮膚が涼しい空気に触れると、足の血液が冷え、体温もそれに応じて下がり、ますます眠りに近づくことになります。

ほかにはいい方法があるのでしょうか。科学的な角度から自分の経験と理由をまとめてグループで友達とディスカッションしてください。オンライン授業の「討論区」でもご意見を発表し、多くの人とシェアしましょう。

第十章 热门话题

一 导言 10.1

動画を見てください。それから、聞く能力と話す能力における目標を下記の表に記入しておいてください。

热门话题是指在一定时间范围内、一定区域内引发大众关注的话题，如和教育、社保、医疗、楼市等相关的话题。本章从众多的热门话题中挑选了几个具有代表性的主题，比如老龄化、垃圾分类、5G、人工智能等。通过本章的练习，我们要能够听懂热门话题的起因、影响、意义，以及对其中的问题提出对策等。谈论热门话题时，我们要能够有针对性地描述并发表意见。

本章的“听”“说”目标（“Can-do”自我评价表）：

	Can-do（聞く）	Can-do（話す）
1		
2		
3		
4		

二 › 听前热身 & 10.2

1. 次の文章を読んでください。それから録音を繰り返し聞いてください。

誰もが安心して住める地域

ノーマライゼーションとは、本来障碍者が障害を持たない市民と対等・平等に存在しうるノーマルな社会、或いは障碍者にできるだけノーマルに近い生活を提供することができる社会を目指す考え方、理念を指している。高齢者も子どもも、男性も女性も、障碍者も健常者も、或いは在日外国人も、ともに安全で安心な生活を享受しうる社会こそ、ノーマライゼーションが実現している社会と言えるだろう。そうした社会が実現している地域は住みやすいし、また持続可能な地域とも言える。

しかし、地方の農村漁村ばかりか大都市においても、今そうした地域が少なくなってきている。どこへ行っても、高齢者が目立つし、若者たちは男女とも一人で暮らしているし、子どもの姿はなかなか見ることができない。過疎化と高齢化が進む農村漁村を除けば、高齢化が進むばかりの大都市圏の団地などでは、その典型的な例と言っていいだろう。ここは高齢者にとって住みにくいし、子どもにとっても過ごしにくく、持続不可能な地域と化しつつある。いずれ人々による共同社会ではなくなる。そうした中で、私が関心を抱き続けているのがノーマライゼーションの実現に向けて、さまざまな施策を実施して、市民の支持を広げている東京の武蔵野市だ。

2. 録音を聞きながら以下の（　　　　　）を埋めてください。

誰もが安心して住める地域

ノーマライゼーションとは、本来障碍者が障害を持たない市民と（①　　　　　）に存在しうる（②　　　　　）な社会、或いは障碍者にできるだけ（②　　　　　）に近い生活を提供することができる社会を目指す（③　　　　　）を指している。高齢者も子どもも、男性も女性も、障碍者も健常者も、或いは在日外国人も、ともに安全で安心な生活を（④　　　　　）しうる社会こそ、ノーマライゼーションが実現している社会と言えるだろう。そうした社会が実現している地域は住みやすいし、また（⑤　　　　　）な地域とも言える。

しかし、地方の農村漁村ばかりか（⑥　　　　　　）においても、今そうした地域が少なくなってきている。どこへ行っても、高齢者が目立つし、若者たちは男女とも一人で暮らしているし、子どもの姿はなかなか（⑦　　　　　　）。（⑧　　　　）と高齢化が進む農村漁村を除けば、高齢化が進むばかりの大都市圏の団地などでは、その典型的な例と言っていいだろう。ここは高齢者にとって住みにくいし、子どもにとっても過ごしにくく、持続不可能な地域と化しつつある。いずれ人々による（⑨　　　　　　）ではなくなる。そうした中で、私が関心を（⑩　　　　　　）のがノーマライゼーションの実現に向けて、さまざまな施策を実施して、市民の支持を広げている東京の武蔵野市だ。

3. 次の質問に答えてください。

① ノーマライゼーションとは何か説明してください。

② ノーマライゼーションが実現している社会はどんな様子ですか。

③ 持続不可能な地域はどんな特徴がありますか。

三 ＞ 小试牛刀 & 10.3

録音を聞いて、最もよいものを一つ選んでください。

1番

1−1 どんな病院ですか。

① 普通の病院

② 特別な病院

1−2 この病院のインテリアは何に似ていると言っていますか。

① 美術館

② 図書館

1−3 医療効果はどうですか。

① 不満の声が大きい

② 評判がよい

1−4 会話の内容に合っているのは次のどれですか。

① 患者の気持ちが、明るくなってよい

② 医療器機の充実につながってよい

2番

2−1 プラスチックのゴミはどんな傾向にありますか。

① 増加傾向

② 減少傾向

2−2 人々はゴミの分類についてどんな態度ですか。

① 協力する態度

② 反対する態度

2−3 最近のゴミに見られる傾向について、次のどれが正しいですか。

① ゴミ全体の量が増えている

② プラスチックは再生ができるから、ゴミが増えても大丈夫だと思う人が多い

2−4 この人はゴミ問題についてどう思っていますか。

① プラスチックのゴミが増えているのは困る

② 人々がプラスチック製品をたくさん使うのはよいことだ

四 > 典型题材1 & 10.4

二人の会話を聞きます。聞く前に選択肢を読んで意味を確認して、予測してみてください。どんな場面でどういう関係の人たちが何について話しているのか想像してみましょう。

1番 録音を聞いて、最もよいものを一つ選んでください。

① 問題点はないが、導入しなくてもいい

② 問題点はあるが、改善してから導入すべきだ

③ 問題点があり、導入するのをやめたほうがいい

④ 問題点はないので、早く導入すべきだ

听解小贴士

关键语句

家でとなると、一々メールや電話で聞くのははばかられて、ほかの体験者もいいことばかり報告したわけじゃないと思うよ。まずはそういうのを一つずつクリアしていかなければならないね。/在家里(办公)的话，所有事情都需要通过邮件或电话(处理)，(我对这一点)还是有所顾虑。我觉得其他体验者也并非只汇报了(居家办公的)优点，(因此我们)首先需要逐个解决那些问题。

听解策略

❶ 掌握生僻动词的意义与用法，如「はばかる」，并建立语音形象。

❷ 结合选项进行听前预测，确定听力重点：是否有问题、是否引进、是否要改善。

❸ 掌握这种类型对话的开展思路。如“居家办公的背景→优点→缺点→自己的观点”。

正确答案

选项②

2番 もう一回聞いて、録音の内容と合っているものに○、合っていないものに×をつけてください。

①（　　）　②（　　）　③（　　）　④（　　）

五 › 典型题材2 & 10.5

1番 まず話を聞いてください。それから、質問と選択肢を聞いて、①から④の中から、最もよいものを一つ選んでください。

①　②　③　④

听解小贴士

关键语句

このバランスが重要です。感受性と想像力を養うための自然体験、そして、未来に備えた最新のテクノロジーの教育、この二つのバランスを理想的な形で提供していくのが、わたしはこれから未来にあるべき教育の形だと思っています。/这个平衡很重要。(我们应该)注重培养其感受力和想象力的自然体验，以及面向未来的最新的技术教育，不断地以理想的方式取得这两者的平衡，我认为这是未来教育应有的模式。

听解策略

❶ 教育问题是一个永恒的话题，但随着时代的变化，理念和做法不断更新。在讨论中国当前教育问题时，我们可以结合自己的背景知识，整理观点并提出演讲内容。

❷ 这道题目以10岁为分界点，阐述了10岁前后不同的教育理念，并给出了具体的实施方法。最后需要总结两者之间的关系，并提出自己的最终观点。这是演讲中常见的模式。

❸ 在长篇题材中，关键词通常会出现多次，同时需要特别关注转折点的信息。

正确答案

选项③

2番 もう一回聞いて、録音の内容と合っているものに○、合っていないものに×をつけてください。

①（　　）　②（　　）　③（　　）　④（　　）

六 › 重要表达方式 & 10.6

1. 本章の重要表現

録音を聞きながらシャドーイングの練習を繰り返してください。

❶ 高齢者も子どもも、男性も女性も、障碍者も健常者も、或いは在日外国人も、ともに安全で安心な生活を享受しうる社会こそ、ノーマライゼーションが実現している社会と言えるだろう。/无论老人还是孩子，无论男女，无论残疾人还是健全人，亦或是住在日本的外国人，都能够共同生活在安全且让人安心的社会，

这样的社会才可以说是实现了“正常化”的社会吧。

❷ そんなことに使うお金があったら、医療機械をもっと充実させてほしいって職員からの声もあるらしいけど。/有的员工提出，“（我们）更希望将资金用于医疗器械的完备性上”。

❸ 最近私は、この再生ということには問題があるんじゃないかと思うようになりました。なぜなら、ゴミ全体の量は減っているのにプラスチックのゴミが、ここ数年でどんどん増えているからです。/最近我开始对“再生”这个概念产生疑问。因为垃圾总量在减少，但近年来（可再生的）塑料垃圾的总量却在不断增加。

❹ オフィスなら些細なことでもすぐ誰かに気軽に聞いたりできるでしょう。/如果在办公室的话，即便是微不足道的事情都可以轻松向他人咨询。

❺ このバランスが重要です。感受性と想像力を養うための自然体験、そして、未来に備えた最新のテクノロジーの教育、この二つのバランスを理想的な形で提供していくのが、わたしはこれから未来にあるべき教育の形だと思っています。/这个平衡很重要。（我们应该）注重培养其感受力和想象力的自然体验，以及面向未来的最新的技术教育，不断地以理想的方式取得这两者的平衡，我认为这是未来教育应有的模式。

❻ こちらの病院では、先月から総合受付に人型ロボットを設置し、受付業務や院内の案内などを任せているそうです。/这家医院从上个月开始，在综合接待处设置了人形机器人，用于接待和引导工作。

❼ ロボットの設置には定期点検など管理費がかかるんですが、まあ、ロボットに任せる業務の人件費を考えたら、費用対効果は高いと思います。/设置一台机器人需要花费定期检修等管理费，但如果考虑交由机器人完成的业务所需的人工费的话，性价比还是很高的。

❽ いろいろな経験をしていることで、以前と比べて、会議で自発的かつ活発に意見やアイディアが出されるようになり、売り上げのアップにもつながっていると思います。/（员工）有了各种经验，因此与以前相比，他们在会议上能够主动且活跃地提出意见和想法，我觉得这与销售业绩的提高也有关系。

❾ 私は出生率の低下を抑えるためには、社会全体で育児を応援する環境を作っていくことが何より必要だと考えています。/我认为，要抑制低出生率，最有必要的是要建立一个全社会帮助育儿的环境。

⑩ 教育研究所の調査結果によると、家計に占める教育費の割合はここ数年、上昇の状況が続いています。/教育研究所的调查结果显示，近年来家庭支出中教育费支出所占比例持续上升。

2. 自分にとっての重要表現

本章のトピックで勉強したものに、まだ分からないところがあれば、ここに書き留めて、友人や先生に教えてもらったり、辞書などで調べたりしてください。

七 › 原汁原味＆配音挑战 10.7

本章で習ったトピックは、日本人の実際の生活では、どのように現れているのか。テレビドラマのワンシーンを通して見てみましょう。

1. 次の質問を考えながら、スキットを見てください。

① 若い男の人は何をAIに任せればいいと言っていましたか。

② 人工知能が進歩しても人しかできないことは何だと言っていますか。

2. もう一度スキットを見て、中年男性のセリフを書きましょう。

3. ドキュメンタリーのワンシーンを見てください。ナレーターの話をまねて、アフレコにチャレンジしましょう。

八 ＞ 活学活用 & 10.8

タスク1

病院でレポーターがロボットの導入について院長にインタビューしています。次の会話を読んで、（　　　　）のところを考えて、埋めてみてください。

女： こちらの病院では、先月から総合受付に人型ロボットを設置し、受付業務や院内の案内などを任せているそうです。院長、実際においてみて、いかがですか。

男： ええ、（①　　　　　　）が緩和されました。これが設置目的の一つでもあったんですが。

女： 会話できるロボットの声は機械的で、（②　　　　　　）ことはありますか。

男： 実は私も心配していたんですが、そのイメージは昔の話で、（③　　　　　　）はすごいですよ。

女： そうですか。

男： 声もさることながら、会話力もですね。受けた質問は想定内のものなら問題なく（④　　　）できますし。これでもう少し親近感のある見た目にさえなればいいんですけどね。そうなったら、患者さんの（⑤　　　　　　　　）こともできるだろうと思いますし。今はいかにもロボットって感じですから。

女： なるほどですね。

男： ロボットの設置には定期点検など管理費がかかるんですが、まあ、ロボットに任せる業務の人件費を考えたら、費用対効果は高いと思います。

タスク2　ロールプレー

ゴミの分類

ゴミを分別して出すことになったのは中国も日本も同じです。日本では可燃ゴミ、不燃ゴミ、包装容器プラスチック、古紙、飲食用瓶・缶・ペットボトル、小型家電、電池、粗大ゴミなどに分けられています。わが国の一部の町では実施を始めたものの、まだ徹底されているとは言えないでしょう。あなたが住んでいるところでは、ゴミはどのように分類されていますか。自分の実体験に基づいて、ゴミ分類の必要性、現状、問題点などから、お友達と話してください。

九 › 综合练习 10.9

タスク1

まず聞いて選んでください。それから質問に答えてください。

（1番）男の人と女の人が話しています。

1–1 録音を聞いて、最もよいものを一つ選んでください。

① トンネル工事の時

② 火山の噴火の時

③ 洪水の時

④ 台風の時

1–2 もう一回聞いて、質問に答えてください。

① この会社はもともとどんな技術を持っていましたか。

② 今度開発されたロボットは大雨や洪水の時でも役立ちますか。

③ 将来的にはどんなロボットを開発する計画がありますか。

2番 テレビである会社の人事部長が話しています。

2－1 録音を聞いて、最もよいものを一つ選んでください。

①　　②　　③　　④

2－2 もう一回聞いて、質問に答えてください。

① 普通の会社では、本業と副業についてどのようなルールが一般的ですか。

② この会社ではどんな考えで副業の推奨を始めたのですか。

③ 副業を許されることによって、社員にどんな変化がありますか。

3番 女の人が話しています。

3－1 録音を聞いて、最もよいものを一つ選んでください。

① 女性が社会で活躍するようになったこと

② 女性の結婚年齢が上昇したこと

③ 結婚しない女性が増加したこと

④ 社会全体で育児を支える仕組みが不十分なこと

3－2 もう一回聞いて、質問に答えてください。

① 話の中で、今日本では何が問題となっていると言っていますか。

② その問題になった理由には何があると考えられますか。

③ その問題を解決するのに何が必要だと言っていますか。

4番 テレビのニュースでアナウンサーが話しています。

4－1 録音を聞いて、最もよいものを一つ選んでください。

①　　②　　③　　④

4－2 もう一回聞いて、質問に答えてください。

① 家計に占める教育費の割合はどうなっていますか。

② 教育費が増加する最も大きな理由は何ですか。

③ 習い事のランキングの上位に何がありますか。

5番 ラジオでアナウンサーが話しています。

5－1 **録音を聞いて、最もよいものを一つ選んでください。**

① ② ③ ④

5－2 **もう一回聞いて、質問に答えてください。**

① 話の中に出ている困るケースというのはどんなものですか。

② ボランティアはどんなことをしていますか。

③ ペットを持っている高齢者を支援するために、どんな取り組みがありますか。

タスク2 ディスカッション

人工知能（AI）というキーワードを日々の生活の中で、頻繁に聞くようになりました。将棋、自動運転、チャット、家電など多くのシーンで利用されています。技術の進歩に伴い、教育やビジネスの現場に人工知能を導入するケースも多くなっています。特に最近は、人手不足を課題とする企業が多いため、業務効率化に貢献する人工知能への注目度が高まっています。人工知能を導入することで得られるメリットが数多く存在する反面で、いくつかデメリットが存在することも忘れてはならないです。

企業でAIを導入する場合

メリット：

業務の効率化によって労働力不足を解消できる。

市場のニーズをいち早く把握することができる。

データの分析や予測が高い精度で行える。

生活の利便性が高まる。

デメリット：

雇用が減ってしまう。

情報漏洩のリスクを伴う。

リスクマネジメントが難しい。

責任の所在が分からなくなる。

思考のプロセスが見えなくなってしまう。

AIの導入について、いろいろ調べ、上記に挙げられたメリットとデメリットを参考に、また身の回りの変化など自分の実体験と合わせて考えて、意見や感想をまとめてグループで友達とディスカッションしてください。オンライン授業の「討論区」でもご意見を発表し、多くの人とシェアしましょう。

综合测试

一、语言表达（20分，每题2分）

AとBが話しています。Aに対するBの返事について、以下の①～③の中から、最もよいものを一つ選んでください。

1番

A：悪いけど、手、貸してくれる？

B：（　　　　　　　　　　　　　　　　　　　　　　　　　）

① いや、都合悪ければ、だめだと言うよ。

② いいけど、今すぐでないとだめ？

③ えっと、できないとは言ってないけど。

2番

A：あのう、ご主人、まだお見えにならないんですが…

B：（　　　　　　　　　　　　　　　　　　　　　　　　　）

① そうですか。いつかお伺いしたいと申しておりましたが…

② え？もうとっくに着いてるはずだと思いますが…

③ あ、すみません。あいにく留守しておりまして。

3番

A：中村くん、聞いたよ。受けた面接全部通るなんて中村くんぐらいだよ。

B：（　　　　　　　　　　　　　　　　　　　　　　　　　）

① 自分でもとんでもないです。

② 運がよかっただけですよ。

③ 全員通るなんてすごいですね。

4番

A：遅くなっちゃってごめん、帰り際に課長に捕まって。

B：（　　　　　　　　　　　　　　　　　　　　　　　　　）

① 急いでいる時に限って、そういうものよね。

② もうちょっと待っててあげたらよかったのに。

③ 課長ってなかなか捕まらないよね。

5番

A：今度の取引先にはちょょっと参ってるんだよ。

B：（　　　　　　　　　　　　　　　　　　　　　　　　　）

① 何かあったんですか。

② うまく行ってよかったですね。

③ よく来てくださいました。

6番

A：週末は天気が崩れるらしいけど、マラソン大会は雨天決行としよう。

B：（　　　　　　　　　　　　　　　　　　　　　　　　　）

① やっぱり延期するしかないですか。

② いまさら、止めるわけにはいかないですからね。

③ 日程を調整しなくちゃいけませんね。

7番

A：ねえ、この店のケーキ、甘さ控えめだね。

B：（　　　　　　　　　　　　　　　　　　　　　　　　　）

① これなら、甘いの苦手でもいけるね。

② それじゃ、ケーキは控えとく。

③ 砂糖が多めなのかもね。

8番

A：駅前の老舗のそば屋、行って見たらなんだこんなもんかって感じだったよ。

B：（　　　　　　　　　　　　　　　　　　　　　　　　　）

① え、そんなにおいしいんだ。

② 相変わらず賑わってるんだね。

③ うーん、それほどでもないのか。

9番

A：田中さん、頼んでた資料の作成、今日中になんとかならないのかな。

B：（　　　　　　　　　　　　　　　　　　　　　　）

①え、今日中に間に合いそうにないんですか。

②時間的にどうかと…

③なんとかしていただけるんですね。

10番

A：明日の定例会議、議題山ほどありますね。

B：（　　　　　　　　　　　　　　　　　　　　　　）

①言うほど少なくはないですよ。

②重大な議題ってことですか。

③あまり長引かないといいんですけど。

二、听力理解　判断题（10分，每题1分）综合测试-二

二つの独話を聞いてください。その後以下の文を読んで、独話の内容と合っているものに○、合っていないものに×をつけてください。録音は二回流れます。

1番

1. あがってしまう原因は何ですか。

①話し方が下手なことです。（　　　）

②準備が足りないことです。（　　　）

③注意不足です。（　　　）

④体の調子が悪いことです。（　　　）

2. あがってしまった時は、どうしたらいいですか。

⑤笑いながら話します。（　　　）

⑥息をゆっくり吐き出します。（　　　）

⑦手を動かします。（　　　）

⑧あがっていることが分からないようにします。（　　　）

2番

⑨ 今回の開発で改善された点は一回の充電で走れる距離です。（　　　）

⑩ 車体を軽くすることにより、コストダウンが望まれます。（　　　）

三、听力理解　选择题（45分，每题3分）综合测试–三

録音を聞いて、以下の①～④の中から、最もよいものを一つ選んでください。

1番

① 幼稚園に通っていた時

② 大学に通っていた時

③ 高校に通っていた時

④ 会社の同僚になった時

2番

① 共同経営者が見つからなかったから

② 今の会社をすぐにやめられなかったから

③ 十分な資金が調達できなかったから

④ 父親が強く反対したから

3番

① やりたい仕事ができる職場が見つかったから

② 今の開発の仕事に自分が向いていないと思うから

③ 自分の専門を生かした仕事ができなくなるから

④ 大学院に入って専門性を高めたいから

4番

① 病院の予約をする

② 人事課に申請書を出す

③ 利用者登録をする

④ 人事課に受診可能な日を連絡する

5番

① 事故の処理が終わらないから

② 強風が予想されるから

③ 連休が始まるから

④ 道路工事が行われるから

6番

① 役のイメージに合っていて、演技も上手だ

② 役のイメージに合っているが、演技が下手だ

③ 役のイメージに合っていないが、演技が上手だ

④ 役のイメージに合っていなくて、演技も下手だ

7番

① 特別な機能のある温泉があるから

② 町の雰囲気に心がいやされるから

③ 都心からの交通の便がいいから

④ 広大な自然が楽しめるから

8番

① 改良の苦労

② 収穫を増やす方法

③ 今年の収穫の見通し

④ 収穫の仕方

9番

① しりょうをかくにんする

② メールでしりょうを送る

③ けいたい電話にれんらくする

④ 会議に出席する

10番

①　　②　　③　　④

11番

① ② ③ ④

12番

① ② ③ ④

13番

① ② ③ ④

14番

① ② ③ ④

15番

① ② ③ ④

四、听力理解　填空题（15分，每空1.5分）综合测试–四

録音を聞いて、（　　　　）のところに言葉を埋めてみてください。録音は二回流れます。

1番

男：桜スーパー、来月で（①　　　　　　）んだって。

女：えっ？そうなの？（②　　　　　　）よかったのにね。

男：確かにね。

女：まあ、この辺周りに似たような店多いし、（③　　　　　　）に負けちゃったのかな。あそこ、閉店時間が早くて、仕事帰りに寄れないから、ちっと不便だったしね。

男：いや、時間のことはいいんだよ。それより、あの店は（④　　　　　　）がね、いまいちなんだよ。安いことは安いんだけど。

女：確かに。あそこのお刺身とかなまもの、もう一つだもんね。

男：（⑤　　　　　　）の目も、ますます厳しくなってきてるからね。

(2番)

女：監督、最近素晴らしいプレーを見せている（⑥　　　　　　）の山田選手ですが、この調子を維持し、今後、ますます活躍するためには何が必要でしょうか。

男：山田ですか？そうですね。試合開始から終了まで走り続けられる体力は、すでにトップクラスですね。また、体が柔らかくバネもあり、怪我も少ないですし、ボールを（⑦　　　　　　）技術も、ほかの選手よりずっと（⑧　　　　　　）。まあ、強いて挙げるとすると、試合中に相手の（⑨　　　　　　）に乗ってしまいがちなので、自分を（⑩　　　　　　）し、常に落ち着いてプレーできるようになれるかが鍵になるでしょうね。

五、口语测试（10分）

某会社で働きたいと思っています。今日は面接です。以下の内容を考えて、自分の場合をまとめてください。

①志望動機（その会社で働きたい理由）、②経験（学生時代にどうのような活動をしたか）、③自分の長所・短所、④決意・抱負。

单词表

第一章　职场工作

假名发音	汉字书写	声调	词性	汉语释义
はいぞく	配属	⓪	名·他サ	分配，分派
およぼす	及ぼす	③⓪	他五	使受到，影响到
とっさ		⓪	名	瞬间，刹那间
きりぬける	切り抜ける	④⓪	他下一	脱离，摆脱，突围
びひん	備品	⓪	名	备用物品，备件
けじめ		⓪③	名	区别，界限
かたむける	傾ける	④	他下一	倾斜；倾注
みつもりしょ	見積書	⓪⑤	名	报价单，经费等报价类文件
からむ	絡む	②	自五	缠在……上；纠缠，牵涉
しんちょう	慎重	⓪	形動	慎重，谨慎
こうほ	候補	①	名	候补
こだわる	拘る	③	自五	拘泥
もたもた		①	副·自サ	缓慢，慢腾腾
レクリエーション		④	名	娱乐，休养，消遣
うく	浮く	⓪	自五	浮，漂；浮出，浮起；浮动，摇晃，游离；心情高兴，快活；轻薄，轻佻
てんぷ	添付	①⓪	名·他サ	添上，附上
しんこう	進行	⓪	名·自他サ	进展，推进；前进，行进
せっとく	説得	⓪	名·他サ	说服，劝说
しょうじる	生じる	⓪③	自他上一	生长，长大，发生，产生
しゅうせい	修正	⓪	名·他サ	修正，修改，改正
シュレッダー		②	名	碎纸机
よゆう	余裕	⓪	名	富余，宽裕，从容
くじょう	苦情	⓪	名	抱怨，不满，投诉

第二章　职场生活

假名发音	汉字书写	声调	词性	汉语释义
じゅうやく	重役	⓪	名	(公司的)董事；重任
せいいっぱい	精一杯	③①	名·副	竭尽全力(地)，全力以赴(地)
にんげんドック	人間ドック	⑤	名	综合性健康检查
ていけい	提携	⓪	名·自サ	合作
けっきん	欠勤	⓪	名·自サ	缺勤，请假
りんきおうへん	臨機応変		名	随机应变

もとで	元手	⓪	名	本钱，资金
リスク		①	名	风险
いよくてき	意欲的	⓪	形動	积极主动（地），热情高涨（地）
みさだめる	見定める	④⓪	他下一	看准，认准
そうてい	想定	⓪	名・他サ	假定，设想，假想
おしつける	押しつける	④	他下一	强加于人，强迫
てがら	手柄	③	名	业绩，功劳
しんそつさいよう	新卒採用		名	录用应届毕业生
ちゅうとさいよう	中途採用		名	录用跳槽来的人
けいやくしゃいん	契約社員		名	合同工
さっとう	殺到	⓪	名・自サ	蜂拥而至
とりくむ	取り組む	③⓪	自五	努力于……，专心致志于……
おおいに	大いに	①	副	非常……，很……
おぎないあう	補い合う	⑤	他五	互补

第三章　交通出行

假名发音	汉字书写	声调	词性	汉语释义
あおりうんてん	あおり運転		名	不规范驾驶
しょばつ	処罰	①⓪	名・他サ	处罚
うんてんめんきょ	運転免許		名	驾驶执照
ぎゃくそう	逆走	⓪	名	逆行
はばよせ	幅寄せ	⓪	名	并行
しんろへんこう	進路変更		名	（开车）变线
まんせき	満席	⓪	名	满员
トンネルじこ	トンネル事故		名	隧道事故
しゅっぱつをみあわせる	出発を見合わせる			暂停发车
かべにしょうとつする	壁に衝突する			（车）撞到墙上
ふしょうしゃ	負傷者	②	名	伤者
ブレーキ		②	名	刹车
アクセル		①	名	油门
しゅっちょうのてはい	出張の手配			出差的安排
げんちのいどう	現地の移動			在当地的出行
キャンセルまち	キャンセル待ち	⓪	名	等位，等待别人取消
くうせき	空席	⓪	名	空座

こうつうじょうほう	交通情報		名	交通信息
じゅうたいがはっせいする	渋滞が発生する			发生拥堵
かいしょう	解消	⓪	名·自他サ	消除，解除
こんざつがよそうされる	混雑が予想される			预计拥堵
しんごうきトラブル	信号機トラブル			信号灯故障
うんてんかいしのみとおし	運転開始の見通し			发车的可能性
でんちゅうにぶつかる	電柱にぶつかる			撞到电线杆
ライトがつく				开着车灯

第四章　休闲娱乐

假名发音	汉字书写	声调	词性	汉语释义
ヨガ		①	名	瑜伽
あきっぽい	飽きっぽい	④	形	动不动就厌烦的，没耐性的
けっこう	血行	⓪	名	血液循环，血液流通
たいとく	体得	⓪	名·他サ	体会，体验
きぶんてんかん	気分転換		名	转换心情
きがすすむ	気が進む			起劲
どきょう	度胸	①	名	胆量，气魄
かくとく	獲得	⓪	名·他サ	获得，取得
すじがき	筋書	⓪	名	情节，梗概；计划
あせり	焦り	③	名	焦躁，急躁
じぞく	持続	⓪	名·自他サ	持续
すれちがい	すれ違い	⓪	名	会车；错过；观点分歧
みちびく	導く	③	他五	引导，指导
えんぎりょく	演技力	③	名	演技
えんげき	演劇	⓪	名	戏剧
じまく	字幕	⓪	名	字幕
がっしょう	合唱	⓪	名·他サ	合唱
おなじみ	お馴染み	⓪	名	熟识，熟人，老相识

第五章　汇报和演讲

假名发音	汉字书写	声调	词性	汉语释义
プロミネンス		②	名	重读，强调
ポーズ		①	名	停顿，中止；姿态；作态
チャンク		①	名	知识块，组块，大块
おうへい	横柄	①	形動	傲慢无礼，妄自尊大
アカデミック		④	形動	学术性的，学究式的；不切实际的
そっかんせい	速乾性		名	速干性
しんしゅくせい	伸縮性		名	弹性，伸缩性，拉伸性
シェア		①	名	市场份额，市场占有率；共享，分享
マイクロファイバー			名	微纤维
そくざ	即座	①	名	立即，马上，当场
じょうはつ	蒸発	⓪	名・自サ	蒸发，汽化；失踪
いっせきにちょう	一石二鳥	⑤⓪	名	一箭双雕，一举两得
みぶり	身振り	①⓪	名	姿态，动作
てぶり	手振り	①	名	手势
げいのうじん	芸能人	③	名	艺人
ひいき	贔屓	①	名・他サ	照顾，眷顾，赞助，偏袒，偏爱

第六章　行业达人

假名发音	汉字书写	声调	词性	汉语释义
そうぎょう	創業	⓪	名・自サ	创业
どうぎょうしゃ	同業者	③	名	同行
いきがい	生きがい	⓪③	名	生活的意义，生活的价值
かぎょうをつぐ	家業を継ぐ			继承家业
～をめざす	～を目指す			以……为目标
えいがにしゅつえんする	映画に出演する			出演电影
きょうみがうつる	興味が移る			兴趣发生改变
たいりょくのさがでる	体力の差が出る			体力上出现了差别
うんどうりょうがおちる	運動量が落ちる			体力下降
しょうはいをわける	勝敗を分ける			分出胜负
にゅうねん	入念	⓪	名・形動	认真，细致
ちゅうちょ	躊躇	①	自サ	犹豫不前
シーズン		①	名	赛季；季节

キャプテン		①	名	队长
テクニック		①③	名	技术，球技
チームをくみたてる	チームを組み立てる			组织管理队伍，带队
レシート		②	名	购物小票，收据
とりくむ	取り組む	③⓪	自五	跟……为对手；全力以赴
いたく	委託	⓪	名・他サ	委托
コントロール		④	名・他サ	调节，控制
にんきブランド	人気ブランド		名	人气品牌
インスタント		①④	名	速食
ゆであがる	茹で上がる	④⓪	自五	焯水，用清水煮
チームワーク		④	名	团队协作，凝聚力

第七章　人与自然

假名发音	汉字书写	声调	词性	汉语释义
いかく	威嚇	⓪	名・他サ	威胁，恫吓
こうげき	攻撃	⓪	名・他サ	攻击，进攻；抨击，责难
でんちゅう	電柱	⓪	名	电线杆
すだち	巣立ち	⓪③	名	离巢，出窝
とおざかる	遠ざかる	④	自五	远离；疏远
てってい	徹底	⓪	名・自サ	彻底了解，贯彻始终；（行动或态度）一贯
こんぽう	梱包	⓪	名・他サ	捆绑包装
あみめ	網目	③	名	网眼
こきざみ	小刻み	②	名・形动	切碎，切细；分期分批地
しゅうかく	収穫	⓪	名・他サ	收获，收割；（喻）收获，成果
はるさき	春先	⓪④	名	初春，早春
やこうせい	夜行性		名	夜行性
け（だ）もの	獣	⓪	名	野兽
おそう	襲う	⓪②	他五	袭击，侵袭
いちじるしい	著しい	⑤	形	显著，明显
こうてき	好適	⓪	名・形动	适宜，适合，正好
しょくぶつ	植物	②	名	植物
ききめ	効き目	⓪	名	效验，效果
つぶじょう	粒状		名	颗粒状态
みとおし	見通し	⓪	名	瞭望，眺望；预料，预测；看穿，看破
まねく	招く	②	他五	招呼；招致
さいばい	栽培	⓪	名・他サ	栽培，种植

てがる	手軽	⓪	形动	简单；轻易
てま	手間	②	名	劳力和时间，工夫；工钱
ポリエチレン		③⓪④	名	聚乙烯

第八章　商业和经营

假名发音	汉字书写	声调	词性	汉语释义
しめい	使命	①	名	使命，任务
ぼうり	暴利	①	名	暴利
むさぼる	貪る	③	他五	贪，贪图
ぶれい	無礼	①②	名·形動	没有礼貌，无礼，不恭敬
ふせい	不正	⓪	名·形動	不正当，不好
こんてい	根底	⓪	名	根底，基础
がっぺい	合併	⓪	名·自他サ	合并，归并
ひんぱん	頻繁	⓪	名·形動	频繁，屡次
よびこむ	呼び込む	③	他五	叫进来，引进来，招揽
しいれる	仕入れる	③	他下一	采购，买进，进货
せんりゃく	戦略	⓪	名	战略
きりかえ	切り替え	⓪	名	转换，掉换，改换
オンライン		③	名	在线，联机，联网
ろうどうせいさんせい	労働生産性		名	劳动生产率
いちがん	一丸	⓪	名	一团，一个整体
ほそぼそ	細々	③	副	细细（地）；勉勉强强（地）
くさわけ	草分け	⓪④	名	开拓，开拓者；创始人，先驱
つっぱしる	突っ走る	④	自五	猛跑，突进，勇往直前
みきわめる	見極める	④⓪	他下一	看清，看透；弄清楚，辨别出
ねんいり	念入り	⓪④	名·形動	精心，周密，周到，细致
ゆきづまる	行き詰まる	④	自五	走到尽头，走不通；陷入僵局，陷入困境
おもいきり	思い切り	⓪	名·副	放弃，断念，死心，想开；尽情（地），充分（地）

第九章　科学普及

假名发音	汉字书写	声调	词性	汉语释义
エネルギー		③②	名	能量
ひなんよう	避難用		名	避难用的……
そなえる	備える	③②	他下一	预备，防备
はたらき	働き	⓪	名	作用，功效

しずめる	鎮める	③	他下一	镇定，平定
アクセル		①	名	加速器，加速踏板
ブレーキ		②	名	刹车
パフォーマンス		②	名	表演，表现；性能，效果
ねっちゅう	熱中	⓪	名・自サ	热衷，专心致志
ほきゅう	補給	⓪	名・他サ	补给，补充
イメージ		①②	名	印象，形象
めじるし	目印	②	名	目标，记号
はっしょう	発症	⓪	名・他サ	出现症状
いがあれる	胃が荒れる			伤胃
つながる	繋がる	⓪	自五	关联
てきせい	適正	⓪	名・形動	适合，恰当
ごろごろ		①	副・自サ	（雷声）隆隆（地）
こうえつ	校閲	⓪	名・他サ	校对
いわゆる		③②	連体	所谓，一般

第十章　热门话题

假名发音	汉字书写	声调	词性	汉语释义
ノーマライゼーション			名	互助共存；正常化，通常化
ノーマル		①	形動	正常，普通
かそ	過疎	①	名	过少，过疏
いきいき	生き生き	③	副・自サ	活泼，生动，栩栩如生，生机勃勃
ささい	些細	①	形動	琐碎，细微
はばかる	憚る	③⓪	自他五	顾忌，忌惮，害怕；扩张，得势
じょうしょう	上昇	⓪	名・自サ	上升，上涨
かんわ	緩和	⓪	名・自他サ	缓和
なごむ	和む	②	自五	平静，温和，缓和，稳定
しょうげき	衝撃	⓪	名	打击；冲击，冲撞
ほんぎょう	本業	⓪	名	正业，本职工作
ふくぎょう	副業	⓪	名	副业
さくげん	削減	⓪	名・他サ	削减，缩减
しくみ	仕組み	⓪	名	结构，构造；（小说、戏剧等的）情节，结构
かけい	家計	⓪	名	家计，家庭经济，家中收支情况
げっしゃ	月謝	⓪	名	月酬，每月支付的酬金，学费
だいこう	代行	⓪	名・他サ	代办，代理
しいく	飼育	⓪	名・他サ	养，饲养
ようろう	養老	⓪	名	养老